心理テクニック
を使った！

学級が激変する

ダダクマ会議

阿部真也

著

東洋館
出版社

こんにちは。
阿部真也と申します。

本書を手にとっていただき誠にありがとうございます。

本書のタイトルは
「心理テクニックを使った！学級が激変するダダクマ会議」です。

●ダダクマ会議で学級経営が 180 度変わる！

これまでの私は、教師主導の学級経営を行っていました。

- 「どのような言葉で子ども達をまとめようか。」
- 「どのようにして子ども達のやる気を起こそうか。」
- 「学級崩壊したらどうしよう。」

そのような考えのもと毎日を送っていました。言い換えれば、いかに「統率しようか」と考えながら学級経営を行っていました。

学級を作るのはすべて教師である自分。自分の働きかけがすべてであるという考えが根底にありました。

そうした日々を送るのは大変つらいものです。全ては自分の力量にかかっているわけですから。結果的に教室に行くのが辛くなったり、日々、教室でうなだれたりすることが多々ありました。

さらに、子ども達は、そうした圧力的な指導に萎縮したり、または反発したりするようになります。これを心理的リアクタンスといいます。つまり、統率するあまり、子ども達との信頼関係を結べなかったり、子ども達の自主的な行動を制限したりしてしまいました。

そうした悩みを払拭してくれたのが本実践である「ダダクマ会議」です。

ダダクマ会議とは、現状を「ダ」し合い、解決策を「ダ」し合い、その解決策を「ク」らべ合い、最後に「マ」とめる活動です。

問題解決に特化した学級会です。

繰り返します。「ダダクマ会議」によって、自分の学級経営が180度変わります。

どのように変わるかとといえば、
統率する学級経営から、自主的な活動を促す学級経営へと変わります。また、子どもが自ら考え行動するようになります。

●なぜ、心理学を用いるのか。
　本書では随所に心理学のキーワードが記載されています。
　心理学とは、人の心理を推し量り、どのような効果があるのかを解明する学問です。
　心理学は本実践をすることで子ども達にどのような心理的影響を及ぼすのか、また、どのような効果を期待できるかを示してくれます。本実践の背景や根拠や効果をより具体的に示すために心理学の知見をかりてご紹介します。
　そして、数多くの心理学用語が出てきます。私の実践が正解ではなく、心理用語を通して、心理効果や心理法則などを広く知ってもらいたいと思います。さらに本実践を応用し、よりよい実践へと発展していくことを願い書きました。
　本書には多方面で行われている実践もあります。それらを心理学的に考察し、価値付けして記述しています。
　「学級をよりよい空間にし、子ども達の成長を後押しする話合い活動を提案していきたい」その熱い思いで書きあげました。
　この一冊が、学級経営に困っている人、また、一段レベルアップさせたいと思っている方の一助になれば幸いです。

　なお、この度、2冊目の書籍を出版させていただきました。そのご縁をいただいたきっかけがフォレスタネットという情報共有サイトです。

フォレスタネットは、全国の先生方が投稿された、授業実践や学級経営テクニックが掲載されている、学校の先生のための情報共有サイトです。登録・利用はすべて無料で、日々の授業づくりに役立つ情報が満載です。

もくじ

目標とする学級像と使用上の注意

ここでは、本実践の目標とする学級像と、
使用上の注意について述べさせていただきます。

目標とする学級像①　ー話合いを通して自ら問題を解決する学級ー

「小学校学習指導要領」第6章の2の1で、以下のような記述があります。

> 学級や学校での生活をよりよくするための課題を見出し、解決するために話し合い、合意形成し、（中略）自主的、実践的に取り組む（中略）資質・能力を育成することを目指す。

つまり、学級の中の課題を見いだし、話合いを通して解決する集団を形成する必要性が明確に記述されています。
したがって、本書では、自ら課題を解決する学級を目標としています。

目標とする学級像②　ー内面の成長がある学級ー

『小学校学習指導要領 解説 特別活動編』では、学級生活の充実や向上のために以下のような点を挙げています。

> 話し合って決めるとともに（中略）生活の中で自分の役割や責任を自覚し、他者と協力しながらよりよい生活をつくっていこうとする態度を養うことが考えられる。

①自分の行うべき行為をしっかりと認識したり
②責任をもったり
③他者と心を一つに何事かを成し遂げたりする態度や心を育てる

ことが大切であると記述されています。

本書の目指す学級像としては、他者との関わりの中で、一人ひとりや集団の内面（心）の成長がある学級を目標としています。

　つまり、目標とする学級像は以下の２つに整理できます。

①自ら問題を解決できる学級（技能・技術面）

②責任や協力しようとする心の成長がみられる学級（内面）

　ということができます。

使用上の注意　ー児童の心理を図ることー

　そこで、前書きにも書きましたが、本書では、前著「心理テクニックを使った！戦略的な学級経営」に引き続き、心理学の知見を借りた実践をご紹介します。
　心理テクニックを使うことで、子どもを意図的に働きかけることになります。そして、効果が大きいため、適切に指導することが求められます。心理学の根底にあるのは、「児童理解」です。児童の心理を図り、適切に指導することに留意しお読みいただけたらと思います。

〝自ら課題を解決する力〟

〝心が成長する〟

[第1章]
ダダクマ会議

理論編

本章ではダダクマ会議によって起きる変化、
そしてどのような理論的背景があるかを述べます。

1-1

ダダクマ会議とクラス会議とのちがい

意思決定プロセスモデル

　学級の問題点を話し合う実践にクラス会議があります。

　ダダクマ会議とクラス会議は様々な部分で異なります。そこで、本項では、「話合いの進め方」や「ねらい」、「議題の扱い」などについて触れていきたいです。実践する際にそのちがいについて理解することが大切です。教師の意図やねらい、子どもの実態に合わせて実践していきましょう。

心理キーワード

意思決定プロセスモデル

　意思決定プロセスモデルとは、的確な現状分析を行うことで、質の高い解決策を生み出すことができるモデルです。

　学級のあるべき姿と現状のギャップを明らかにすることでよりよい解決策へと結びつけるというものです。

　学級経営において、教師などから示される学級としてあるべき姿と照らし合わせ、「現状を分析すること」で学級を変容させることが可能になります。

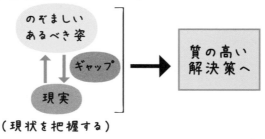

実 践 の 詳 細

❶ 話合いの進め方のちがいについて

諸富祥彦（監）「はじめちゃおう！クラス会議」（明治図書出版）には以下のような記述があります。

> トーキングスティックを回しながら、解決のアイデアを出す。（批判はしない。原因追求をしない。）「解決策」のみを話し合う。

クラス会議とはトーキングスティック（話す人だけが持つリレーのバトンのような目印）を持ち、どのようなことが原因でそのようになったのかなどの現状は把握せず、解決策を模索したりする話合いであると言えます。

一方、ダダクマ会議は現状の把握というものに力点があります。**学級のあるべき姿と現状のギャップを把握することでより質の高い解決策を導き出す話合い**です。

❷ ねらいのちがいについて

❶の進め方のちがいにあるように、クラス会議は原因や事実を追求しない話合いです。その話合いによって、相互のことを尊重し合う学級を作り出す大変素晴らしい実践です。子ども同士の心と心をつなぎ合わせ、親和的な学級を作り出すことができます。

一方、ダダクマ会議では、より現実的に問題に向き合い、学級としてどのように成長すべきなのかを話し合います。したがって、ダダクマ会議では、**学級が「チーム」として成長することをねらいとした話合い**です。

❸ 議題の扱いについて

　クラス会議では、全体のみならず、個人的な話題や議題について話し合います。これは、❷の親和的な関係を結ぶことに繋がります。また、クラス会議などでは、議題ボックスによって子ども達による議題の選択が行われます。

　一方、ダダクマ会議では個人的な話題や議題については話し合いません。学級全体の問題や課題について話し合います。

❹ 議題ボックスについて

　クラス会議では議題ボックスの設置があります。

　個人的な話題や学級全体の話題を集め、その話題を議題として取り上げるという形をとります。

　しかし、ダダクマ会議には議題ボックスはありません。ダダクマ会議では、基本的に教師が議題を決めます。

　『小学校学習指導要領』の第6章の3の2（1）に以下のような記述があります。

> 　学級活動（中略）の指導については、指導内容の特質に応じて、教師の適切な指導の下に、生徒の自発的、自治的な活動が効果的に展開されるようにすること。

　この引用箇所に「教師の適切な指導の下に」という言葉があるように、教師の意図的な働きかけによって学級を望ましいものにする実践です。

　したがって、教師が教室の状態を分析し、意図的に会議を開き、子ども達を指導することに重きを置いています。

　これらのようにクラス会議とダダクマ会議は「進め方」や「ねらい」、「議題の扱い」などにおいて大きなちがいがあります。そのちがいを明確にし、実践することが大変重要だと考えます。

ま と め

　ダダクマ会議とクラス会議のちがいを理解し実践しましょう。

【ダダクマ会議とクラス会議のちがい】

　下の表のようにこれまでのことを整理しました。

　当然、クラス会議にもさまざまな形があり、一概に一般化はできません。あくまでも一つの目安としてご覧いただけたらと思います。

		ダダクマ会議	クラス会議
①	進め方	• 現状の把握や原因追求を行う展開	• 原因追求をせず、未来に目を向けた展開
②	ねらい	• 組織的な関係性 • チームとして育てる	• 親和的な関係や信頼関係をつなぐ
③	議題	• 学級全体の問題を話し合う • 教師が意図的に議題を決める。	• 議題ボックスで子ども達が選ぶ • 個人的な議題でもよい。
④	議題ボックス	• 基本的に設置しない。	• 設置する

1-2 ダダクマ会議の特徴②
問題解決に特化した学級会
即時確認の原理

　ダダクマ会議は学級会をベースとしている話合いです。多くの点で学級会に類似している点があります。しかし、学級会とは異なる話合いです。そのちがいについて主に2点に絞って述べさせていただきます。

　1つ目は話合いの進め方にちがいがあります。

　2つ目は教師の介入する度合いが異なります。

　また、なぜ学級会とは異なる話合いになったのか、その経緯についても触れていきます。

心理キーワード

即時確認の原理

　即時確認の原理とは、ある行為の是非についてすぐに確認することで改善しやすくなることです。

　学級の課題をなるべく早い段階で話し合うことで、より効果的に改善できます。学級の問題は突然起きます。

　その問題にすぐに対応や改善を求めることで学級をより向上させることをねらいとしています。

振り返り

① 進め方のちがいについて

出し合う、出し合う、比べ合う、まとめるという段階をとる。

　学級会では、原則、意見を出し合い→比べ合い→まとめるという３段階を踏みます。たとえば、学級の問題について話し合ったとき、問題点を出し合い、比べ合い、まとめ、焦点化させ、話し合わせることが多いです。

　本実践のダダクマ会議は、現状をまずは出し合います。その現状を比べたり、まとめたりして焦点化しません。広く現状（問題点やよい面）を集め、その多面的な様子を見て、解決策についてさらに出し合うことをします。したがって、次頁の表にあるように、出し合う→出し合う→比べ合う→まとめるという４段階を取ります。

　少しのちがいのように感じるかもしれませんが、そこに大きな価値を見出しています。

② 教師の介入の度合い

学級会に比べて、教師が介入する度合いが強い。

　学級会の実践では、計画委員を決めたり、議題ボックスがあったりします。

　しかし、ダダクマ会議では行いません。ダダクマ会議に議題ボックスがありません。また、事前に話し合うための打ち合わせなどもありません。ダダクマ会議は教師が運営を担うことが多いです。

　議題や行う時期などは教師が基本的に決めていきます。したがって、教師が必要だと思う時期に行えばよいのです。

　当日に行うことを決めて実践したり、本時の５分前に決めて実践したりすることもあります。つまり課題や問題があれば、すぐに行うことが大きな特徴になります。学級の課題があれば、すぐに確認し、改善するように働きかけることで、学級がよりよくなることをねらいとしています。【即時確認の原理】

❸ なぜ、学級会と異なる話し合いになったのか

　教科の数が増え、時数が増加した中、議題を集め、定期的に学級会を開くことはなかなかできません。さらに計画委員を作り、打ち合わせの時間も十分にとることができません。確かに、子ども達の成長を促すためには必要な事柄ですが、時間を圧迫し、子ども達に窮屈な思いをさせてはいけません。

　そこで生まれたのがダダクマ会議です。学級会の優れた要素を抽出し、だれもがいつでもできるように改良したものになります。

　限られた時間や制約の多くなった現場にとって、積極的な介入をすることで子ども達をよりよく成長させることが可能になっていきます。

留意点

　ただし、子ども達が自ら会議を開くことも多々あります。話し合う文化や風土をつくることで、計画委員などをつくらずとも話し合うことができるようになります。自然発生的に自ら話し合う子ども達が育ちます。

まとめ

　ダダクマ会議とは学級会をベースにした、戦略的な働きかけによる話合い活動です。

【ダダクマ会議と学級会のちがい】

　学級会とダダクマ会議とのちがいについては、下の表のように整理してみました。学級会はさまざまな形があるかと思います。その中の一つとして捉えていただきたいです。

　クラス会議と同様に、これらのちがいを確認し、どのような実践にするか吟味することが大切です。

		ダダクマ会議	学級会
❶	進め方	出し合う① 出し合う② 比べ合う まとめる 特に①の出し合うことを重視している。	出し合う 比べ合う まとめる
❷	時間	短い事前打ち合わせと本時→短い	事前打ち合わせと本時がある→長い
❸	事前準備	計画委員などは設けない	計画委員などを設ける
❹	議題	議題は基本的に教師が決める	子どもが決める
❺	議題ボックス	基本的に設置せず、教師の裁量で行う	設置する
❻	実施時期	定期的に行わず、教師の裁量で行う	定期的に行う

2-1 学級を一気にまとめる

ダダクマ会議によって学級はこのように変化する！①

集団規範の形成

学級というのは一つの集合体です。

それぞれの生活環境や価値観をもった子どもの集まりです。そうした結果、意識や行動はバラバラにならざるを得ません。トラブルや意見の食い違いなどが生じるものです。

しかし、集団として心を一つにすること、協調して学び合うことが求められます。その際に、本実践によって学級が一つのまとまりをつくるうえで大変有効に生じます。

心理キーワード

集団規範の形成

集団規範とは集団内のメンバーが共有する判断の枠組みや思考様式のことをいいます。

つまり、行動する際の判断基準などを「共有」することで集団がまとまることをねらいとします。

変化 1

> 学級全体が一気にまとまる。

　ダダクマ会議では、話合い、お互いの思いを共有することになります。

　さらに問題点や解決策、そしてなぜ話し合うべきなのかを共に理解し合う活動になります。

　そうした意見の出し合いや検討、合意形成をする過程の中で、ある程度の基準が形成されます。【集団規範の形成】

　たとえば、掃除への取り組み方を話合い終えた後、注意することや、意識して行うことなどが共有されます。そうすることで、掃除という行為に枠組が形成され、その枠組にそって行動するようになります。

　会議前の掃除の様子と会議後の掃除の様子とでは子ども達の行為が大きく異なります。集団規範（話合いで決まったこと）に沿って、多くの子が行動します。

　仮にできない子がいても、集団規範に照らし合わせるという働きかけによって行動の変容を図ることができます。

　教師が注意することなく、自ら決めた行為に立ち返り、行動を望ましいものにすることができます。

　これは日常にとどまらず運動会、学芸会など、みんなの力を合わせる場面において必要なことです。

　そうした繰り返しの実践によって学級全体が向上していきます。

　さらに、**相手への理解、歩み寄り、思いやりなどの情意面の飛躍的向上を図る**ことができます。

　本実践を通してその学級全体の成長を肌で感じることができます。

2-2 学級の底上げ現象が起きる

パレートの法則

　ダダクマ会議の変化の２つ目は、学級全体がグッとよりよい集団へと変化していきます。学級には学習の得意な子がいたり、学習の苦手な子がいたりします。いつも発言力があり中心となって発言する子もいたりする一方で、悪さをしたり、逸脱行為をしたりする子がいます。

　そうした場合どのようにしたらよいでしょうか。

心理キーワード

パレートの法則

　パレートの法則（２：６：２の法則）とは、ある集団において上位のメンバーは全体の２割になり、中間に位置するメンバーが６割、低位なメンバーが２割いるという法則のことです。

　つまり、学級という集団においても望ましい行動をする子が全体の２割。そして、問題行為や不適切行為がある人が全体の２割。そのどちらでもないというのが６割いるということを示してくれます。そうした法則を理解し、実践することで、より学級を成長させることをねらいとします。

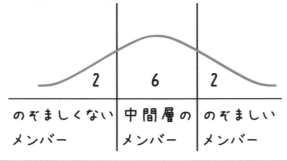

変化 2

> 学級全体が浮上する。

　左にあるように望ましいメンバーが少なく、また問題行動を起こすようなメンバーも少ない法則があります。ここで注目すべきはもっとも大きな割合を示すのが、中間層であるということです。

　ところがどうしても、問題行動をする人に注目し、そこを改善しがちです。

　しかし、それはごく一部のメンバーであるのです。そのメンバーばかりに指導が偏ると、それ以外の人達への指導がなおざりになってしまいます。その結果、中間層の人たちが問題行動を起こしかねません。徐々に、問題行動を起こす人たちが増え、学級が不安定な状態になってしまう事例もあります。

　ダダクマ会議では望ましいメンバーの意見だけでなく、中間層のメンバーの意見が中心になって決まっていきます。また、今まで低位の子とされていた子のよりよい意見が現れていきます。

　こうした結果、教室全体が「よりよい状態へなろう。向上しよう。成長しよう」という雰囲気に満ち溢れます。

　つまり上位層の子がさらに上位へ、中間層の子どもたちが上位層へ、低位な層の子が上・中位層へともち上げられる現象が起きます。

　このような現象をダダクマ会議を行った際に実感することができます。このとき、教師が引っ張り上げるのはなく、子どもたち自身がもち上げていくのです。

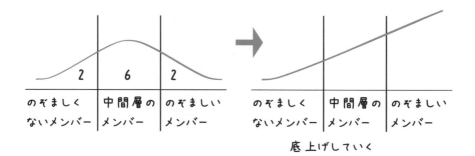

2-3 やんちゃな子が活躍する学級へ

パラダイム・シフト

　学級に、いつも注意される子Aくんがいるとします。そうした場合、周りの子は、注意される子に対して「いつも注意される駄目な子」という見方をもちがちです。

　それでは、そのAくんは学級から認められているとはいえません。その状態では、だれもが安心して過ごす学級とはなりません。ダダクマ会議によって、その見方や考え方が変わる瞬間があります。

心理キーワード

パラダイム・シフト

　パラダイムとは、子ども一人ひとりがもっている見方・考え方です。シフトとは、変わるという意味です。

　したがって、パラダイム・シフトとは、子どもそれぞれがもっている見方・考え方がガラッと変わるということです。

　本実践を通して、学級内のパラダイム・シフトを図り、多様な見方・考え方を子ども達にもたせることを狙いとします。

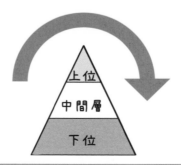

変化 3

> やんちゃな子が学級の中心となり、学級をまとめる存在へ変わる。

ダダクマ会議では、議題や課題についてたくさんの子が意見を言ったり、比較検討をしたりします。多くの意見を述べる場面があり、また周囲の様子を見たり、聞いたりする力が試されます。

この実践によって、前の学年では、やんちゃで手がつけられなかった子が多くの発言をし、周囲のだれも気がつかなかったことに気がつき、周囲を驚かせることが多々あります。

やんちゃな子は、落ち着きがなく、いつもソワソワしています。しかし、裏を返せば周囲がよく見えているのです。小さな変化やクラスの人の行動をよく見る力があります。

結果的に、多く発言することができます。今まで承認されていない子が承認されていきます。つまり、中心的な存在へと変わっていくのです。【パラダイム・シフト】

そして、自分で決めたことはしっかりと守るようになります。

また、守れなくとも、

フレーズ

「決めたことはなんだっけ？」

と促すだけで行動を変えることができます。

このように今まで、注意されていばかりの子が会議で中心的な発言を繰り返し、その後もお手本として活躍するようになります。

さらに、下位層の子にとってどのように行動すべきかわからない場合があります。なんとなくわかってはいるけれど、なぜそれが大切なのか、そうした理解が不足している場合があります。そうした場合、行動の「判断基準」【集団規範】が示されることで大いに変わることがあります。

ま と め

ダダクマ会議を通して、ダメな子のレッテルをはがし、だれもが活躍できる学級をつくりましょう。

2-4

ダダクマ会議によって学級はこのように変化する！④
学校全体を変えていく可能性がある
学習の転移

　学校のさまざまな活動は児童が自主的に行うためにあります。たとえば、「小学校学習指導要領解説特別活動編」では児童会活動は以下のように定義されています。

> 　学校生活の充実と向上を図るための諸問題の解決に向けて、計画を立て役割を分担し、協力して運営することに自主的、実践的に取り組む（中略）。

　しかし、そもそも児童に話し合う力がついていない問題が挙げられます。その課題にダダクマ会議が応えてくれます。

心理キーワード

学習の転移

　学習の転移とは、以前に行われた学習がのちの学習に影響を及ぼすことを指します。

　ダダクマ会議によって学んだ話し合いの技法がさまざまな形で生かされていく可能性があります。

　ダダクマ会議は学級内の諸問題を解決する大きなツールになりますが、そこにとどまらず学校全体の活動へと発展していきます。

学習の転移

変化 3

> 一人ひとりが委員会や行事などさまざまな場面で活躍する。

　ダダクマ会議を繰り返し行うことで、子ども達に話合いの技能が習得されます。たとえば、児童委員会や異学年交流で大活躍します。高学年になれば、児童委員会を中心となって進めます。

　そのとき、日頃から話合いをしておかなければうまくいくことはありません。しかし、ダダクマ会議を通して、話し合う文化や訓練を行っています。児童委員会では、司会となり、ほとんど担当の先生の助言なしに進めることができます。当然、児童の実態によりますが、多くの児童が議論を進める力をつけることができます。自分の学年だけでなく、他の学年にも波及し、児童委員会などは子ども達が進めるという伝統を作ることができます。**ダダクマ会議を通して、学級という枠組みを超えて学校全体を動かすことになります。また、自分たちで進めるという意識のある学校では子ども一人ひとりが輝く学校へと変わっていくといえます。**

POINT

- 司会進行表を必ず担当の先生に事前に見せに行かせる。
　担当の先生方には事前に司会進行表（p 57）を事前に見せ、承諾を受けることが大切です。担当の先生に話し合う内容を説明し、共通理解を図ることで話し合いの当日が円滑に進みます。
- 議長団を経験していない子も活躍する。
　ダダクマ会議は実践しているが、議長団（p 81）を全員は行っていない。したがって、「議長団を経験していない子は司会などできない」と考えがちです。しかし、そのようなことはありません。学級で議長団を経験していなくても、議長団をしている子の姿を見ながら学習しています。また、輪番（p 100 ～ 101）によって議長団を決めている場合、多くの子が経験することになります。そうした結果、見事に委員会の司会進行を円滑に行うことができます。

3 ダダクマ会議とはなにか

意思決定プロセスモデル

「ダダクマ」とは

ダ 出し合う

ダ 出し合う

ク 比べ合う

マ まとめる

という過程の頭文字をとった話合いのことです。

心理キーワード

意思決定プロセスモデル

　意思決定プロセスモデルとは、的確な現状分析を行うことで、質の高い解決策を生み出すことができるモデルです。

　学級のあるべき姿と現状のギャップを明らかにすることでよりよい解決策へと結びつけるというものです。

　現状をしっかりと出し合い、解決策を模索する過程を大切にした話合いです。

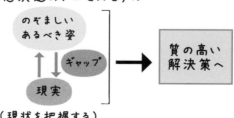

意思決定のプロセスモデル

のぞましい あるべき姿 → ギャップ ← 現実 （現状を把握する） → 質の高い 解決策へ

基本過程①

1 現状を出し合う

基本過程②

2 解決策を出し合う

基本過程③

3 解決策を比べ合う

基本過程④

4 解決策をまとめる

　本書では、話合いの基本過程として「現状を出し合う」「解決策を出し合う」「解決策を比べ合う」「解決策をまとめる」を考えます。

❶「現状を出し合う」では、今の学級の様子を学級のみんなで分析し、出し合います。

❷「解決策を出し合う」では、そうした、現状（事実）から、どうすべきかをさらに出し合います。

❸「解決策を比べ合う」では、②の過程で出された解決策を比較検討します。

❹「解決策をまとめる」では、まとめ、決まったことを確認します。

　　上の４つの過程を展開しながら、より質の高い解決策を模索する学級を育てます。それでは次頁からこの４つの過程を詳しく見ていきましょう。

3-1 ダダクマ会議の基本過程①
〜ダダクマの「ダ」〜
現状を出し合う

事実提示法

　学級の問題について話し合うことはよくあります。その際にはどうしても解決策に目がいきがちです。しかしそれでは、子どもの心に響かない可能性があります。なぜなら、多くの話合いにおいて、決まることは「声を掛け合う」や「みんなで助け合う」などと「ありきたり」なものになるからです。

　こうしたことは話し合うまでもなく、繰り返し教師や親に言われてきたことなのです。ではどうしたらよいのでしょうか。

心理キーワード

事実提示法

　事実提示法とは、事実を相手に伝えるだけで、相手の行為を変えることができるテクニックのことです。

　たとえば、廊下を走っている人が多いという事実（現状）を伝えることで、子ども達に「しっかり廊下歩行を守らなくてはいけない」と感じさせることができます。「〇〇しなさい。」という説教ぽさがなく、子ども達に抵抗感なく伝えることをねらいとします。

実 践 の 詳 細

> 現状についてしっかりと意見を出し合う

　ダダクマ会議では最初に「現状」について出し合います。現状とは学級の様子のことをいいます。つまり、学級のよいところや直すべきところを出し合います。

STEP 1 → よいところを出し合う

まず、学級のよいところを出します。
　たとえば、給食準備について話し合っていれば、
- **真剣に行っている**
- **時間を意識している**

などで構いません。

　慣れないうちは、すぐに自分たちの学級の直すべきところを出すことに抵抗があります。また、学級の実態によっては、出し合いづらい場合があります。そこで、まずはよいところを出すようにします。意見を出すという行為を子ども達に行わせることで、意見を出すという行為に抵抗感を減らします。

STEP 2 → 直すべきところを出し合う

　たとえば、給食準備であれば、
- **サボっている人がいる**
- **時間になっても始めない人がいる**

などです。
　人の心理上、よいところばかりを意見で出してしまうと、悪い点も出したくなる心理が働きます。つまり、よいところを出し合い、自己肯定感などをもたせ、次に課題点を出させます。
　このように**出し合う場面でも、区切ると意見が出しやすくなります。**

POINT

- なんでも話せる雰囲気づくりをする

   アイスブレイク、話合い活動のある授業、音読、発表などで普段から関わることが日常化している雰囲気があるとより活発なものになります。
- 全員の意見が出されない場合は、教師が「全員立ちましょう。」といって、発言した子から座るという方法もあります。このように意見を出すように促すことが大切です。

留 意 点

- 意見の是非は問わない。

   ここでは、出し合うことが中心です。つまり、だれが、何を話してもよい形をとります。その際、意見の良し悪しは問いません。もし、子どもが「その意見はよくないのでは？」と言った場合は、「今は出し合う場面です。」と止めるようにします。
- 「自分」の現状ではなく、「学級」の現状を出し合う

   自分はどうであるかを語ることには抵抗を感じます。そこでみんなはどうであるかを語らせます。そうすることで学級の状態はもとより、本人のことについて語らせることをねらいとします。

このように、現状を出し合うことで次のような効果があります。

● 具体的な危機感をもつことができる。

   解決策の方では、「○○をしましょう」とありきたりなものになりがちです。しかし、ここでの事実とは学級固有の出来事です。具体的に子どもに伝わり、響くものになります。

● 気がつかなかった点に気がつく。

   学級の現状を出し合うことで、自分では気がつかなかった点の発見になります。自分ひとりで認識できる範囲は限られています。他者の視点から現状が述べられることで、自分では認識できなかった課題を発見することができます。

　また、出（ダ）し合う場面では自分ではよいと思っていたことが問題として挙げられます。たとえば、掃除の様子は、「自分」ではよいと思っていた。
　しかし、他の人からすると、騒がしかったり、しっかりとゴミを拾えていなかったりします。
　自分が「よし」としていた基準を見直すきっかけになります。このように「みんなはどうであるか」という観点で話したり聞いたりすることで学級を客観的に捉えることができるようになります。

● 相互に適度な牽制をする雰囲気を作り出すことができる。
　学級はややもすると過度に仲よくしがちです。しかし、お互いを過度に許し合うことは、適切な人間関係とはいえません。仮に、「○年○組の現状を出しましょう」といったときに、だれも発言しないことがあります。
　それでは、

【フレーズ】▶

「この学級は一ミリも問題がないのですね」

　と働きかけることがあります。子ども達の「問題を掘り起こしてはいけない」という誤った認識を指導するきっかけになります。つまり、しっかりと「問題視すべきことはする」といったことを学ぶ機会になります。
　ここで大切なことが、適度な牽制です。個人の名を出し、批判することではありません。お互いの問題を見つめ直し、改善することを繰り返すことで、さらなる向上へとつながることを学ばせます。

【ま と め】

　このように事実を出し合うことで、押し付け感が少なくなり、冷静に、ものごとを見つめ、改善しなくてはならないと思うのです。したがって、この現状を出し合うという過程は、ダダクマ会議でもっとも大切な過程であります。解決策の時間を削っても、この現状を話し合うことを大切にします。それだけの価値があります。

3-2

〜ダダクマの「ダ」〜
解決策を出し合う

ブレインストーミング

　話合い活動において、子ども達が解決策を話す場合、よく意見が出ないということがあります。その背景には、子ども達が具体的で優れた解決策を出さなければならないと考え、意見に詰まってしまうということがあるからです。これでは、よりよい意見は望めません。では、どのようにすればよいのでしょうか。

心理キーワード

ブレインストーミング

　ブレインストーミングとは、集団でアイデアを出し合うことです。特に制限を設けません。いろいろな意見を出し合う中で、優れた意見を見つけたり、出したりすることが期待されます。否定などを行わせずに意見を出させることで、多様な解決策を引き出すことをねらいとします。

複合的な話合いへ

たくさんの意見

実 践 の 詳 細

> どんな解決案でもよいと伝える。

　教師自身が「解決策は具体的なものでなくてはいけない」という意識をもちがちです。たとえば、給食の配膳を忘れる人をチェック表で確認するといったものです。しかし、具体的な行動ではなく、精神的なものでもよいのです。たとえば、「しっかりやるように意識する」といった心がけのようなものです。
　とにかく広く意見を集め、なんでもよいという雰囲気を大切にします。

POINT

- 心がけや意識に目を向けた意見こそ大切にする。
　　話合いにおいて具体的な方策も大切ですが、心がけや意識などが大変重要です。目標とする学級像②（p6）の心の成長こそ目指すべきです。心や意識の成長がなければ、どの方策も意味がなくなってしまいます。また、同じような問題が生じることになります。ダダクマ会議は、そうした心に注目した意見こそ大切にします。

- 現状のどれを解決するものでもよいとする。
　よく、現状（課題）を一つにして解決策を考えさせることがあります。しかし、現状が一つにすると狭い話合いになり、意見が出にくくなります。現状を出し合う段階で、現状を多様に出してから、解決策を話したほうが様々な意見を出すことができます。つまり、課題を複合的に解決するものでもよいし、ある問題点に対して一つ解決するものでもよいのです。そうすることで幅のある話合いを展開することができます。

　改善しなくはいけないことはとても多いです。幅をもたせた解決策や話合いの展開によって様々な課題を克服する解決策を作り上げることができます。

ま と め
　子ども達がたくさん意見を出せる工夫をしましょう。

3-3

ダダクマ会議の基本過程③

～ダダクマの「ク」～
解決策を比べ合う

スリー・パート・テクニック

　ダダクマ会議の3つ目の過程は「比べ合う」というものです。

　つまり、出し合った解決策について比較検討しながら、取捨選択したり、2つの意見を結合したりする過程です。

　以前の私は、よりよい意見が多数出されたにも関わらず、1つに絞らなくてはならないと考え、1つに絞る話合いを行ってきました。しかし、出された解決策はどれも素晴らしいものです。したがって、1つに絞ることはないのです。むしろ1つに絞ることに対して抵抗感を示す子は多いのです。一方で、なんでもよいわけにはいきません。たくさんの解決策を採用するとそれだけ印象が薄くなります。では、どうすればよいのでしょうか。

心理キーワード

スリー・パート・テクニック

　スリー・パート・テクニックとは、「3つ」という言葉が記憶に残りやすいという心理作用のことをいいます。つまり、とてもよい意見を3つまでに限定するのです。

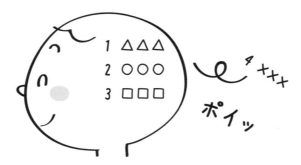

実 践 の 詳 細

STEP 1 → たくさん出た意見を３つに絞ることを伝える

比べ合う段階に入ったら、次のように３つに絞ることを教師側から伝えます。

フレーズ▶

「たくさん出てきましたね。どれも素晴らしい解決策です。しかし、どれで
もよいわけにはいきません。したがって、３つまで絞りましょう。」
と説明します。

このように３つを選ぶために賛成反対をとり、よりよいものは何かについて
考えさせましょう。

STEP 2 → 賛成反対をとる。

たくさん出された解決策について、３つについて絞る話合いを行います。【ス
リー・パート・テクニック】

この３つに絞ると言うことで、**取捨選択しなければならないという議論の必
然性が生まれます。**どれを選べばよいのだろうかと考えます。

・折り合いをつけるスキルを伝える
　これまで「出し合う」ことをしてきました。「比べ合う」段階で
は「折り合い」を学ぶ機会です。折り合いとは、みんなが納得す
るところを見つけることです。

　詳しいスキルについては主に２つの方法があります。

❶合わせる方法

　たとえば、「仲良くする」という意見がでました。さらに、「明るく接する」
という意見も他の人からでました。

　どちらもとても素晴らしい意見です。そこで、どちらかの意見を決めるとい
うことではなく、合わせた意見もよいことを伝えます。たとえば、

フレーズ 子ども

　「仲良くするという意見と明るく接するという意見がありますが、仲良く明
るく接するという意見がよいと思います。理由は、どちらも大切だからです。」

　このように、２つの意見を大切にしながら、合わせることでよりよい意見と
してまとめることができます。複数の意見がある際には、それらを合わせるス
キルを身につけさせたいます。

❷それぞれの思いを生かして新しいものをつくる方法

　たとえば、「時計を見て行動する」という意見が出ました。さらに、「授業の
開始時刻の前に座る」という意見も他の人から出ました。その際には、

フレーズ 子ども

　「『２分前に座る』がよいと思います。２分前に座るためには時計を見ます。
さらに２分前に座ることは授業の開始時刻の前に座ることにもなるからです。」

　このように、複数の意見を活かしながら、新しいものをつくることを指導す
ることが大切です。

　どれかにするかという選択という他に「合わせること」をしたり、「新しい
ものを作り出すこと」ができることを子どもが知ることで、議論に広がりが生
まれます。そして、建設的で生産的な議論になります。

留 意 点

・不適切な意見については指導する

　比べ合う段階で、批判的な、教育的によくない意見が出てくる場合があります。たとえば、朝に遅刻してしまった人の名前を読み上げる意見がそれにあたります。これは、相手の自尊心を傷つけるような意見です。それについては、提案理由（P72 ～ 75）に立ち戻るように促します。教師の意図的な教育活動であることに留意し、介入することも考えられます。ただし、学級が育ってくると、互いに意見を交換する中で、「名前を読み上げる」などの排他的な取り組みについて反対意見が出てきます。

・寛容を学ばせる機会にする

　意見がまとまらなかったり、決めたりすることができないことがあります。
　しかし、いつまでも自分の意見に固執していたら、議論が前進しません。自分とは異なる意見が決定することがあったり、自分の意見が反対されたりすることがあります。そのようなことがあっても、決まったら気持ちよく協力することの大切さを学ばせることが大切です。ダダクマ会議をそうした学びのよい機会と捉えさせることが重要です。教師が話合いの終わりに「寛容さ」について語るようにします。
　話合いとは、自分とみんながよいと思うところに折り合いをつけて集団決定する場であることを、繰り返し指導することがとても大切です。

ま と め

３つに絞るということを通して、議論させましょう。

3-4 ダダクマ会議の基本過程④

〜ダダクマの「マ」〜
解決策をまとめる

自己決定論

　まとめる段階とは、学級の意見をまとめる（決める）ようにします。比べ合う（ク）とまとめる（マ）の段階の明確な区別は難しく、両者は密接に関わっているといえます。

　ここでは、出（ダ）し合った意見をまとめながら、確認することが主となります。

心理キーワード

自己決定論

　自己決定論とは、自分が決めた程度（自己決定）が大きいほど、動機づけが大きくなるという理論です。

　ダダクマ会議によって、自ら自己決定することで、行動を大きく変えることをねらいとします。

がんばろう！！

自己決定

実践の詳細

STEP 1 → 賛成反対の後、賛成の多いものに決める。

　比べ合う段階で賛成反対を取りました。その際に、賛成が多いものが出てきます。その賛成が多いものを決定させます。

POINT

・反対意見は消してもよい。
　賛成反対を取ると反対意見だけのときがあります。その際には、
司会「…は反対意見が多いので、…は消してもよいですか。」
と述べさせ、消させてもよいです。

STEP 2 → 決まったことを確認する。

STEP 1 のように意見が決められた段階で、司会は次のように確認をします。

フレーズ 司会

「反対の人はいませんか？」

　という形で司会は述べます。

　このように意見を確認することが大切です。また「決まったこと」を復唱して振り返ることもとても重要なことです。**最後に振り返り、どのようなことが決定したのかを確認することを通して、自分たちで決定し、行動する意欲を引き出すことを図ります。【**自己決定論**】**

　しかし、決める際に「もう時間がない」ときがあります。時間が取れなかったり、進行がうまく行かなかったりした場合、話合いの途中で時間がきてしまうことがあります。そのような場合は、以下の４つの方法が考えられます。

方法① 多数決で決める。

　それぞれの意見の理由を聞き合ったうえで、多数決を行うことも考えられます。

ただ、すぐに多数決を取ろうとする話合いがありますが、多数決は少人数の意見を無視してしまう側面があります。少数意見にこそ、よりよい意見があることもあります。

　したがって、安易に多数決に頼ることなくしっかりと意見を出し合わせることが大切です。

　一人ひとりの意見を大切にする話合いを行うために、少数意見であっても尊重したり、それぞれの意見を生かしたりする姿勢がとても大切です。そうしたことをしっかりと子ども達に理解させましょう。

方法②　次の会議でもう一度会議する。

　重要な決定事項の場合は改めて話し合うことが大切です。再度、改めて会議をもつことで、じっくりと話し合うことができます。しかし、いつも時間を取れるわけではありません。

方法③　朝の会で短く話し合う。

　方法②のように授業時間という1時間取るわけではなく、朝の会や空いた時間を使うことができます。

　子どもたちは短い時間であることを理解し、集中して話合いに参加します。

方法④　議長団で決める。

　十分に意見が出て、比較検討をしたが、決定するまでは行かなかった場合は、議長団で決める場合があります。

　一度、議長団で決定させ、そして朝の会などで提案します。それで承認されれば、決定となります。承認できなければ、方法①〜③の中からいずれかを選び、決定する形を取ります。

まとめ

　クラスの実態や話し合う内容に応じて方法を選択することが大切です。また、ちがった形で決定してもよいでしょう。なにより大切なことは、自ら決めたという意識をもたせることです。【自己決定論】

POINT

- 時間配分を考えさせる。
　　時間内に終わられないということは、概ね進行がスムーズにいかなかったことがあげられます。そこで、時計マグネット（p111）を活用し、計画的に話合いをすすめるように意識づけることも合わせて行いたいです。
- 時間を厳守することの大切さを伝える。
　　時間を超えての話合いは避けたいです。時間を超えて話し合っては、多くの子ども達の意欲がそがれてしまいます。逆に、時間内に終わらせる大切さを指導できる機会になります。
- 教師からではなく、子どもたちが選択するよう促す。
　　初期の段階では、なかなかできませんが、段階を経て子どもたち自身が選択肢を話し合うことができれば、さまざまな話合いの場面で時間内に終われるようになります。

【まとめる方法一覧】

	方法の内容	メリット	デメリット
①	多数決で決める	短時間で決めることができる。	少数意見を反映がしづらい。
②	次の会議でもう一度会議する。	全員の意見を反映できる。	時間がかかる。
③	朝の会で短く話し合う。	短い時間で多くの人の意見を反映できる。	限られた時間で決めなくてはいけないので、内容に制限がある。
④	議長団で決める。	時間をかけることなく、決めることができる。	学級の人の意見をしっかりとは反映できない。

4 ダダクマ会議の前後システム

システム効果

これまでダダクマ会議の「出し合う、出し合う、比べ合う、まとめる」という流れについて述べました。

しかし、この流れ（1時間）を行えばよいわけではないです。

話合いの1時間ばかりに目を奪われてしまっては、この素晴らしい教育効果を発揮することはないでしょう。大きな流れを意識して行うことで、子どもたちを大きく成長させます。

心理キーワード

システム効果

システム効果とは、それぞれの部分が相互に関係し合う一つのまとまりをいいます。ここではシステムの部分間の相互作用から生じる効果のことを指します。つまり、事前、本時、事後などをしっかりと関わることで優れた教育効果を発揮させます。

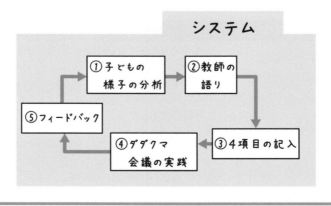

実 践 の 詳 細

ダダクマ実践には以下のような大きな流れがあります。

―システム―

本時前
システム❶ 子どもの様子の分析
システム❷ 4項目の記入
本 時
システム❸ 教師の語り
システム❹ ダダクマ会議の実践
本時後
システム❺ フィードバック

　まず、会議を実践する前に、❶子どもの様子の分析を行います。その後、必要な議題や提案理由などを記入させます。

　そして授業時間を使って、❸・❹を実践します。

　その後、❺にあるように決めたことが実行されているかをしっかりと見取ることをします。

　必要に応じて❶に戻り、改めて会議を行うことがあります。このように、それぞれが密接に関わっているといえます。

　このようにシステムは独立したものではなく、相互に作用し合うことで大きな効果を発揮します。【システム効果】

　本時のみの指導にとらわれることなく、全体的な広がりを意識しましょう。この広がりには際限がありません。そしてダダクマの過程は、将来社会で生かすことのできる問題解決を促す行為そのものです。そういう活動を行うことで、学級が育っていくのです。

ダダクマ会議

4-1 ダダクマ会議のシステム①

子どもの様子の分析

社会性の分析

　学級開きで教師は学級のあるべき姿を考え、子どもたちに伝えます。しかし、子ども達はなかなかそのとおりになるわけではありません。失敗や教師の助言、話合いなどを通して成長していきます。そのとき、ただ対応策を考えるのではなく、「心」を成長させていきます。その際に、教師がしっかりと子ども達を日頃から見取って行く必要があります。では、どのように見取っていけばよいのでしょうか。

心理キーワード

社会性の分析

　社会性とは、他者と協力することや思いやりの心や義務感、責任感などのことを指します。教師の方から「学級が社会性のある集団であるか」を分析し、学級集団を一人ひとりの「心を成長させること」をねらいとします。社会性に乏しい子ども自身が分析し、働きかけることは難しいです。社会性をある程度身につけている教師が行うことが必要になります。

善悪の判断　思いやり　責任感　自制心

44

実 践 の 詳 細

> 以下の分析の視点で、子ども達の様子を見ていく。

---【分析の視点】---

集団として
❶基本的な生活習慣が守られているか。
❷善悪を判断し、行動できているか。
❸きまりや約束が守られているか。
❹他者と協力し、助け合っているか。
❺相手の立場を理解し、思いやりの心が育っているか。など

　たとえば、基本的な生活習慣とは、あいさつや時間を守るなどがあげられます。つまり、しっかりとあいさつしているか、授業時間に席についているかなどの基本的なことができているかを見取ることです。そうした分析のもと、議題にあげるべきかどうかを考えます。【社会性の分析】

留 意 点

　上に「集団として」とあるように、個人レベルであれば教師側から指導します。個人レベルのことを学級全体で話し合うのは避けたいです。したがって、多くの子が守れていないなどの場合に議題として取り上げることが必要です。
• **学年の実態に応じて選択する。**
　小学校では６年間という長い期間を指導します。したがって、低学年、中学年、高学年では分析する視点は異なります。児童の発達段階を踏まえ指導することが求められます。また、学年だけなく、学級の実態を見取ることが大切です。中学年であっても、学年として成長している場面が考えられます。そうした場合、より高い目標をもち分析することができます。一方高学年であっても基本的な集団行動ができていない場合も考えられます。学級の実態をしっかりと捉え分析しましょう。

ま と め

分析する視点を常にもち、子ども達を見つめていきましょう。

4-2 4項目の記入

見通しの効果

　子どもたちは何について話し合えばよいかわかりません。さらに、なぜ会議をするのかの必要性を感じません。また、どのように会議に臨めばよいかも不明瞭です。そこで、次の4点を記入します。

1. 議題
2. 提案理由
3. めあて
4. 話し合うこと①・②

これら4点を4項目といいます。では、どのような効果があるのでうか。

心理キーワード

見通しの効果

　見通しの効果とは、1時間の中で何をどのようにするのかを子ども達がわかることです。

　何も示されない場合、子ども達は不安になります。しかし、何をするかなどが示されれば、子ども達に安心と学ぶ意欲を引き出すことが期待されます。

　子ども達が取り組みやすくすることをねらいとします。

実践の詳細

> 4項目（第2章で詳説します）の記入をします。

　議題、提案理由、めあて、話し合うことを記入します。

　子ども達にとって目に見える形で4項目を示すことで、どの子もわかるようになります。

　議題などの4項目を毎回記入するということ、また、その流れで会議を進めることが大切です。

　いつも同じパターンで会議が展開されることで、安心感をもって取り組むことができます。

POINT

- 本時の前に4項目を書くように伝える。
　慣れてくれば、自分たちで書くことができるようになりますが、ダダクマ会議の展開に多くの時間をあてるために、授業が始まる前に、4項目を書くように働きかけます。
- 議長団に首かけの札（p106）を付けさせる。
　「先生何をすればよいですか。」と子どもから質問を受けます。そのとき、その子どもが何の役なのかが瞬時にわかることで適切なアドバイスができます。また、子ども同士でも、協力するための手がかりになります。
- ホワイトボード（p107）に議題、提案理由などの札が書いてある。
　ホワイトボードに札がついてあることで、何をどのように書いてよいかの手がかりになります。
- スムーズに書かせるためには、黒板の様子が写った写真（p112）を用意する。

まとめ

4項目を書かせ、ダダクマ会議に見通しをもたせましょう。

4-3 教師の語り

ダダクマ会議

ダダクマ会議のシステム③

アンカリング効果

　話合いをしても、どうしても子どもたちが意欲的ではない。ダラダラと話し合ったりしている。そんな話合いを見たことが多々あります。しかし、それでは、子どもたちが変容することはありません。ではどのようにすればよいのでしょうか。システムとは別の要素でみていきます。

心理キーワード

アンカリング効果

　アンカリング効果とは最初に提示した数字を無意識にアンカー（基準）として設定してしまい、その後の意志決定や判断に影響を及ぼしてしまう心理効果のことです。

　ここでは、100点中（アンカー）「何点ですか」という問いかけを使用しています。100点はさまざまな生活場面で基準となるものです。100を基準に現在の様子を表し、より具体的に自分の行いについて振り返らせることをねらいます。

どれくらいだろう

100

実 践 の 詳 細

> 語りの最終的なゴールは話合いの意欲づけを行うこと。

　子どもが意欲的でない理由は、子どもらがそれらを問題としていない点にあります。これでいいと思っているものに対して意欲的になることはありません。その意識を変えることが必要になります。

STEP 1 → 振り返らせる。

　システム①教師の分析で「言葉遣いなどがよくない」ということがわかったとします。そこで、授業が始まったら、教師は次のように問いかけます。

▶ **フレーズ**

「みなさんの言葉遣いは 100 点満点で何点ですか？」

　と問いかけます。このように「点数」で聞くことで具体的に振り返ることができます。

POINT

- 大きいほうから聞いていきます。
  「100 点の人？」と大きい方から聞いていきます。
  最初に聞くことで、100 点と聞くことで、100 点が基準であることを改めて子ども達に認識させます。
- さまざまな評価の種類を身につける（下記参照）。

	評価の種類	特　　徴
①	点数	細かく評価できる。
②	ABC	3 段階でわかりやすい。
③	◎、○、△、花丸	点数や ABC より温かい印象を与える。
④	完璧だ。 まあまあできる。 できない。 全然できない。	点数や記号よりさらに温かい印象を与える。 点数や ABC などに比べて、低学年に伝わりやすい。

　おそらく教師のこの問いによって、70点、または80点などと言います。高得点の際には、そのよいとしている部分を認めるように話すことが大切です。しかしほとんどの場合、振り返りを通して40点、50点と低い点数を子ども達は言います。

フレーズ

　「決して満点ではないです。たとえば、○○しろ。とか、ダサいとか。そのような言葉が聞こえます。それでよいとは言えません。」と少し問題点を伝えます。こうすることで、何が問題であるかわからない子も理解ができるようになります。また、出し合う際の参考になります。【アンカリング効果】

STEP 2 → 話し合うように意欲づける。

フレーズ

　「まだまだ課題、問題などがあると思います。是非、みんなで振り返ってみてください。」といって話合いに入っていきます。

　このように、問題意識をもたせ、話し合うように語りかけることで全員に話合いの必然性をもたせたり、意欲をもたせたりすることが重要になります。

留 意 点

• **子どもの実態に応じて、なにも語らないことも大切**

　　ある程度育ってきた学級であれば、何も語らないということも大切です。

　　たとえば、「先生からです。」と言われたら、「先生はなにも言いません。自分たちで話し合えますね。」と言います。

　　言わないことで、「自分たちで話し合わなくては」と鼓舞するように語ることもときには大切です。

【語りの３つのパターン】

　前述の **STEP 1**〜**3** 以外に次のような語りのパターンがあります。

　左で紹介した **STEP 1**〜**3** はパターン A に該当します。それぞれのねらいや子どもの実態に応じて、語りを考えることが大切です。

　ここで重要なことは、どのパターンも最後の **STEP 3** で意欲づけを行っていることです。あくまでも、意欲づけをすることが最終的なゴールです。また、あくまで３つ上げましたが、それ以外も存在します。また、それぞれの要素を掛け合わせることもできます。ぜひ、自分なりに語りを考え、子どもに意欲づけを行いたいものです。

【３つの語りパターン表】

パターン	A	B	C
ねらい	問題意識をもたせる。	肯定感をもたせる。	目標などを決めさせる。
STEP 1	振り返らせる		選択させる
	点数などを使って振り返らせる。	素晴らしいことを振り返らせる。	そもそも目標を決めるか選択させる。
STEP 2	具体的な例をあげる		意義を語る
	具体的な問題点をあげる。	具体的な素晴らしい姿やことをあげる。	目標や行事の意義を語る。
STEP 3	意欲づける		
	・話合いましょうと働きかける。 ・「話合いますか」と話合うかどうかを選択させる。		

ま と め

教師の語りを通して、子どもの問題意識を高め、意欲づけましょう。

ダダクマ会議のシステム④
ダダクマ会議の実践
スクリプトの効果

4-4

　話合いにおいて、台本もない場合、子どもたちはどのように話合いをしたらよいかわかりません。そこで、ダダクマ会議には、司会進行表（p 57）というものを用意します。司会は司会進行表に沿って会議を進めていきます。

　ここではその詳細について述べさせていただきます。

心理キーワード

スクリプトの効果

　スクリプトとは直訳すると脚本という意味です。司会進行表というスクリプトを子どもに与えることで、話合いを円滑に進めることができます。

　さらに、話合いの展開が司会進行表にないものであっても、そのスクリプトを手がかりに軌道修正することができます。したがって、まず1時間のスクリプトを示し、形成させることがダダクマ会議には必要になります。

台本が頭に入っているから話すことができる

実践の詳細

司会進行表には以下の３つの展開があります。

「はじめ」「なか」「おわり」

基本的に司会は司会進行表（p 57）に書かれていることをそのまま読み上げます。ここでは、「はじめ」「なか」「おわり」それぞれの内容についてできる限り詳しく述べていきます。

展開①　はじめ

司会進行表の「内容」の「はじめ」の中に次のような項目があります。

1. はじめの言葉
2. 議題
3. 提案理由・めあての確認
4. 話し合うことの確認

それぞれの項目に「進行の言葉」があります。

たとえば、「１. はじめの言葉」では、「これから、第〇〇回　ダダクマ会議を始めます。」とあります。さらに、「３. 提案理由・めあての確認」では、「提案理由は〜。」などと言います。

このように今回は何回目の会議であること、さらになぜ話し合わなければならないのかを明確にします。

回数を確認することで、自分たちはどれほど会議を積み重ねてきたのかという振り返りになります。さらに、提案理由を確認することで、話合いの価値や意義を知ることになります。

議題や提案理由などについてはp 70 〜 75 にて詳説します。

このように、「はじめ」の段階では、会議の方向性や意義、そして何を話すのかを明確にする大切な役割があります。

こうしたいくつかの確認をしっかり行うことは児童委員会などにも生かされます。つまり、高学年の場合、下級生にもわかりやすい話合いを展開することができます。

- 「はじめの言葉」は司会の人が言うこと。

多くの場合、黒板書紀やノート記録の人は黒板消しやその他の
グッズの設置、ノートの用意、ノートの記録などで仕事があります。
そこで、司会がすべて言うことで混乱なく行えます。

展開②　なか

司会進行表の「内容」の「なか」に次のような項目があります。

5．話し合うこと①
　　（1）意見の「出し合い」（ダ）
6．話し合うこと②
　　（1）意見の「出し合い」（ダ）
　　（2）賛成・反対で比べる（ク）
　　（3）決定・まとめる（マ）

　これはダダクマの基本過程のことをいいます。それぞれの内容の項目
に対応した、「進行の言葉」を述べることで話し合いが円滑に進みます。
　たとえば内容の「5.話し合うこと①」の進行の言葉に「まず、①（
　　　）について考えましょう。」とあります。この空欄には「話し合う
ことの確認」の①の言葉を入れます。多くの場合は、「まず、現状につ
いて考えましょう。」という形で「現状」を入れます。実際に、進行表
に書き込んでも構いませんが、空欄に言葉を当てはめて発言させてもよ
いです。当てはめて述べさせることで進行表を繰り返し使えるメリット
もあります。
　さらに、すぐに意見を求めません。「時間は3分です。それでは、考
えましょう。」と考えをメモ帳に書く時間を与えます。このとき、隣と
相談してもよいですし、グループで話し合ってもよいです。
　その後、「意見のある人は手を挙げてください。」と意見を求めます。
これは、「6.話し合うこと②」でも同様です。そして「賛成・反対の意

見を発表して下さい。」と発言させます。

　このように、その中核となる言葉を司会進行表に示すことが大切です。

　また、「なか」の段階では、それぞれの項目の内容と進行の言葉を理解し、セリフとして示すことが大切です。「なか」のことがしっかりと理解できればさまざまな話合いの型に応用できます。

展開③　おわり

司会進行表の「内容」の「おわり」の中に次のような項目があります。

　7．決まったこと
　8．先生の話
　9．終わりの言葉

　「7．決まったこと」では、ノート記録（p92〜93）の人にお願いをします。ノート記録の人は、黒板に書かれたことをすべて記録しています。しかし、一言も話してはいません。短い言葉になりますが、しっかりと役割を与え、自己有用感を与えたいものです。

「8．先生の話」では、次の2点述べます。

　①会議全体のよかったことを短く述べます。

たとえば、

・めあてと話合いの結果を見定めてどうであったか。

・提案理由を理解し、話し合ったか。

・進行がスムーズだったか。

などを基準に話をします。

　めあてに注目した激励の言葉では、

　　「全員が発言し、とても活発に議論していましたね。素晴らしい！！」

というように教師はまずは一言だけ伝えます。長々と課題点を言うのは避けましょう。子ども達は、一生懸命話し合いました。是非、労いの言葉をかけてあげてください。

　②特によかった2名を伝えます。

　　「〇〇さんと△△さんがとてもよかったです。」このとき男子1名、女子1名が基本です。発言の回数が多いこと。また、回数は少ないですが、話題にそって話しているなど、教師が会議で子どもたちに手本としてほしい点などを伝えます。

まとめ

　このように司会進行表を示し、大枠を示すことで子ども達は自信をもって会議を行ったり軌道修正をしたりすることができるようになります。【スクリプトの効果】これは、オリエンテーションにてしっかりと指導します。（P.116〜P.136）

POINT

　　ファイルにとじるなどして、いつでも見えるようにしておきます。このように配慮することでいつでも子ども達が行いやすいようにしたいものです。

第 ＜　　＞ 回　　　ダダクマ会議　　司会進行表

議題	

展開		内　　　容	進行の言葉
はじめ	1．	はじめの言葉	これから、第（　　　　　　）回　ダダクマ会議を始めます。
	2．	議題の確認	議題の確認をします。今日の議題は「　　　　　　　　　　　　　」です。
	3．	提案理由・めあての確認	提案理由は、
			提案理由：
			めあては、
			めあて：
			です。
	4．	話し合うことの確認	それでは話し合いに入ります。　話し合うことは、
			①
			②
			です。
なか	5．	話し合うこと①	まず、①（　　　　　　　　　　　　　　　　）について考えましょう。
	（1）	意見の出し合い (ダ)出し合う	時間は3分間です。それでは、考えましょう。
			それでは、意見のある人は手をあげてください。
	6．	話し合うこと②	次に、②（　　　　　　　　　　　　　　　　）について考えましょう。
	（1）	意見の出し合い (ダ)出し合う	時間は3分間です。それでは、考えましょう。
			それでは、意見のある人は手をあげてください。
	（2）	賛成・反対で比べる (ク)比べ合う	・賛成、反対の意見を発表してください。
			・●●と■■に賛成意見が多いですが、この中で決めてもいいですか？
	（3）	決定 (マ)まとめる	・反対の人はいますか？
			・では、（　　　　　　　　　　　　　　　　）に決めてもよいですか。
おわり	7．	決まったことの確認	決まったことをノート記録の（　　　　　　　　　）さん、お願いします。
	8．	先生の話	先生の話です。お願いします。
	9．	終わりの言葉	これで、第（　　　　）回、ダダクマ会議を終わります。

ダダクマ会議をする上での注意
※授業の開始前にホワイトボードに「議題」「提案理由」「めあて」
「話し合うこと①」「話し合うこと②」「時計①」「時計②」を掲示し
ましょう。

4-5 ダダクマ会議のシステム⑤
ダダクマ会議の後こそ
しっかりと指導する

フィードバック

会議をして、「はい。終了。」では、まったく意味がありません。ダダクマ会議は実施する1時間も大切ですが、その後の指導の方が特に重要です。

子どもは一直線に成長はしません。同じ失敗をしてしまうこともあります。しかし、その失敗を叱るのではなく、振り返り、納得の行く形で背中を押すことが大切になります。そこで、話し合ったことを想起させることがとても効果を発揮するのです。

心理キーワード

フィードバック

フィードバックとは、相手の言動に対して、自分の意見を言葉などで伝達することです。

教師が子ども達の行動を振り返るよう促すことで、適切な行為なのかを気づかせることができます。ただやりっぱなしではなく、振り返りを働きかけることがねらいです。

実 践 の 詳 細

STEP 1 → 該当児童を呼びます。

ダダクマ会議で、「掃除中は集中して、おしゃべりせずに取り組むこと」にが決まったとします。ところが、次の日に、トイレットペーパーなどで遊んでいたとします。ここで、見過ごすことなく、しっかりと呼ぶことが大切です。

STEP 2 → 問いかけます。

フレーズ

「昨日、話合いで決まったことは何ですか？」
または、
「１時間かけてみんなで話し合ったことを守らないとはどういう意味ですか？」

このフレーズには大事な３つの要素があります。

❶	みんなで話合って決めたことを守らないということはクラスの他の子たちに失礼であること
❷	１時間という学級の貴重な時間を無駄にしたこと
❸	自分で決めたことを守らないということは無責任な行為であるということ

❶みんなで話し合って決めたことを守らないということはクラスの他の子たちに失礼であること

会議は、みんなの合意のもと行われます。したがって、それを破るということは、みんなとの約束を破るということです。とても大切なことは、「教師」対「子ども」という図式ではなく、「教師を含めた学級の多数の子」対「該当児童」という図式にすることです。これにより教師による一方的な指導ではなく、周りを巻き込んだ指導となります。

そうしたことで、自分の行為が他の人に大きく影響を及ぼすことを理解させるように働きかけます。力による指導ではなく、実体験を伴って指導することで子どもにとってより理解しやすいものになります。

❷１時間という学級の貴重な時間を無駄にしたこと
　ダダクマ会議は１時間を使って指導します。その１時間という長い時間を費やすことで、重みが増します。１時間使って一生懸命決めた内容を破るということを自覚させることがとても大切です。時間という大きな要素を手がかりに理解を促します。

❸自分で決めたことを守らないということは無責任な行為であるということ
　人は、「自分で決めたことはしっかり守らなければならない 」という心理があります。【自己決定理論】
　力による指導はなく、子どもの決めたことは守らなくはならないという心理を理解し、働きかけることで、無理のない指導を心がけたいです。また、決めたことはしっかり守るという意識を育てることが同時にできます。

　こうした振り返りを行うことで、自分は学級の一員であるということを感じます。さらに時間や責任ある行動についても理解するようになります。この「振り返り」を丁寧にしっかりとすることで、前の学年では、やんちゃで手がつけられなかった子が劇的に変化するようになります。なぜなら、やんちゃであることは、裏を返せば行動力のある子だからです。自分の行動を振り返り、どのようなものであるかを指摘することで子どもは大きく変わります。

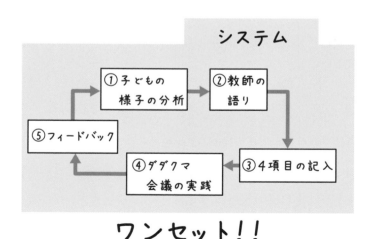

システム

① 子どもの
　様子の分析　→　② 教師の
　　　　　　　　　語り

⑤ フィードバック

④ ダダクマ
　会議の実践　←　③ ４項目の記入

ワンセット！！

POINT

• 決まったことはすぐに掲示すること
掲示用書記というものをしっかりと位置づけ、すぐに掲示します。
　教師の「話合いで決まったことはなんでしたか?」の問いに対して、子どもが答えられないときがあります。掲示物の方を指し示し、言わせてもよいですし、「決まったことは〇〇です。」と伝えたときに大きな説得力をもって伝えることができます。

留　意　点

• STEP 2 でフレーズを記載しましたが、一例です。
　❶〜❸の要素を含むことを意識します。
　子どもが問題点に気づけるように働きかけることがとても重要になってきます。
• 必ず指導する必要があるということではありません。
　学級が育ってくると、話合いだけで大きく変化します。あくまでも、話合いと日常がしっかりつながっているかを見取ることが大切です。

ま　と　め

　ダダクマ会議の1時間とその前後のシステムをワンセットと考え、効果的に指導しましょう。

ダダクマ会議

5 年間を通して取り組む

モデリング理論（社会的学習理論）

　ダダクマ会議は、子どもが中心となって活動する教育活動です。したがって、最初はうまくいきません。したがって、ダダクマ会議に限らず、話合い活動は年間を通して育てていくという視点が大切です。

　では、どのように指導していくべきなのでしょうか。

心理キーワード

モデリング理論（社会的学習理論）

　モデリング理論（社会的学理論）とは、人は自身の体験だけでなく、他者の行動を観察・模倣すること（＝モデリング）によっても学習するという理論です。教師による話合いの仕方を「見て、真似ること」で、子ども達は話合いの仕方をたくさん学ぶことができます。特に、教師が話合いに「介入し、子どもが真似をすること」で徐々に話し合いの力をつけることができます。

実 践 の 詳 細

> 教師が話合いに介入しながら、子どもに話合いの力をつけていく

下の図は縦軸が教師の関わり量、横軸が時期を表しています。

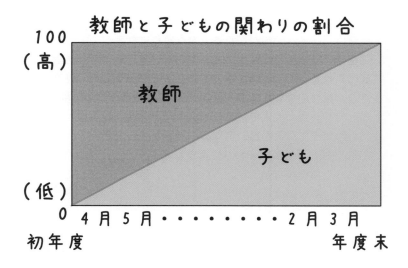

年度初めの４月頃は、教師の関わりがとても多いです。逆に子どもの関わりが少ないです。どの教科や指導場面でも同じですが、まずは教師が介入する場面が多くなるのが当然です。

５月６月とすすむにつれ、教師の割合が減っていきます。当然子どもの割合が増えていきます。そして、徐々に話合いに参加し、学年の終わりにかけて、教師の介入なしに話合いができるようになります。

- 教師は、冷静に落ち着いて関わっていくこと。

　前頁の図のように最初から子どもたちができるわけがありません。したがって、１年間をかけて育てるという意識をしっかりともつことが大切です。

- 話合いが滞る、論点がずれる、堂々巡りになる。

　話合いはうまく行かないということが当たりまえであることを頭に入れておくことが大切です。話合いが滞ったり、論点がずれたり、堂々巡りをしたりすることはよくあります。普通に起こることです。我々大人でさえそのようなことが起きます。

　したがって、落ち着いて冷静に指導すべきです。

　その際に、「教師が変わりに言う」、そして、「子どもに言わせる」といった指導が有効です。したがって、目くじらを立てて叱ることは避けましょう。

- 会議に参加していない素振りをみせる。

　子どもたちは、教師の顔色を伺って発言することがよくあります。正直な思いや考えを述べることができないような様子であれば、教師はちがう作業をすることをおすすめします。また、教室から一時的に、退出するなども有効です。その間に多くの意見が出され、会議が実りのあるものになる場合があります。

- 教師自身が話合いのイメージを明確にもつことが大切。

　ダダクマ会議では、学級会をベースにしているので、学級会を率先している研究団体の授業を見る、または、熟練した学級会をみせてもらうなど率先して見ることをおすすめします。

留 意 点

・きれいな成長を期待しない。

　図はイメージですから、このようにきれいな一直線にはなりません。最初の段階にもどったり、逆にものすごい勢いで成長を見せたりします。必ずしもこのように順調に成長するとは限りません。

　長い目をもって話合いを指導することがとても大切です。

　大枠をしっかりと説明し、介入しながら指導することが大切です。ワーキングメモリーではないですが、いっぺんに言われてもわかりません。

　会議は、状況（内容、流れ、相手）、話し方、話す内容などが入り乱れます。そこでどのような言葉をかけたり、進めていったらよいか、なかなか掴むことが難しいです。したがって、教師が入り、指導していくことが大変重要になります。

ま と め

長期的な視点をもち、介入しながら育てていきましょう。

[第2章]
実践する前に

本章では実践する前に必要な事柄やアイテムについて述べます。
ぜひ、知っていただき、効果的な会議を展開してほしいです。

ダダクマ会議に必要な4項目について

チームビルディング①
～テーマ・目的の共有～

　話合いをいざ行うと、何について話し合っているのか、その目的がない、または、不明瞭なことがあります。それでは、よりよい意見は出てきません。また、学級がまとまることはありません。

　そこで、次のページにある「ダダクマ会議の4項目」を提示します。

心理キーワード

チームビルディング①～テーマ・目的の共有～

　チームビルディングとは、優れたチームを作る仕組みのことを言います。

　優れたチームとは、個性と主体性を発揮しつつ一体感をもってゴールへと進んでいくことです。

　そこで、大切なことが、①1つの目標やテーマ、目的を共有すること、②個々に明確な役割をもたせること、が上げられます。そこで、本節では①「1つの目標やテーマ、目的などを共有すること」について詳しく見ていきます。

　同じテーマや目的をもち、一人ひとりが同じ方向を向いて話し合う集団を作ります。

　つまり、学級をただの群れとしてではなく、チームにするために、テーマや目的をもたせるために、4項目を提示し、すぐれた話合いをすることをねらいとします。

ダダクマ会議の４項目

4－1
1 議題

4－2
2 提案理由

4－3
3 めあて

4－4
4 話し合うこと①②

　ダダクマ会議の４項目とは、「何について話し合うのか（議題）」や「なぜそのことについて話し合うのか（提案理由）」「話し合う際に気をつけることは何か（めあて）」、「話し合う柱は何か（話し合うこと）」を示します。
　つまり、テーマや目的などを共有するためにも必要不可欠なものです。共有することで子ども一人ひとりが同じ方向を向きに効果的に話し合うことができます。
　詳しく、この４つの項目を見ていきましょう。

ダダクマ会議に必要な4項目①

1-1 議題

他者視点取得

本実践であるダダクマ会議において、

> 「議題とは、何について話し合っているのかというテーマのことです。また、話し合っている問題や課題のことです。」

もし仮に、議題がなければ、何を話しているのかがわからないですし、不明瞭な議題であれば、話合いは混乱をきたします。

そこで、必ず議題を提示します。黒板に記載するか、または、ホワイトボードで示します。

しかし、議題は何でもよいわけではありません。

では、どのような議題であればよいのでしょうか。

心理キーワード

他者視点取得

他者視点取得とは、他者の視点に立つことができるようになることです。

子どもは、自己中心的に物事を考える傾向にあります。そこで、他者の視点から物事を考え、判断する力が求められます。

教師や子ども（他者）から、課題（議題）としてあげる活動を通して、さまざまな出来事や物事に対して考えるようにすることがねらいです。

実 践 の 詳 細

議題に適したもの①　「学級全体の問題であること」

　ダダクマ会議では、個人の問題は扱わず、「学級全体」の問題を議題とします。たとえば、「学級全体で」廊下歩行ができていない。掃除の取り組みに課題があるなどの問題を取り扱います。

留 意 点

- 相手を傷つけるような結果が予想される問題は取り扱わない。

　　個人的な要素が大きい場合は、個別に指導すべきです。全体で会議することで該当児童の自尊感情を傷つけてしまうことは避けましょう。

- 数名の子どもにおける問題行動について話し合うこともある。

　　上のように、「全体の問題」としましたが、数名の児童によって問題が起こっている際、議題にすることもあります。しかし個人が特定される形ではなく、あくまでも学級全体の問題として取り扱い、全体で話す意義や大切さを考えるよう働きかけます。

議題に適したもの②　子どもの自由度の高いもの

　自由度の高いものとは、あいさつ、廊下歩行、掃除、給食、行事における取り組みなどです。たとえば、あいさつをすることは自分で考え、行動することが求められます。廊下や登下校時に教師はいません。教師がいない状況であっても適切にあいさつをすることが必要になります。そうした活動には自分で決める要素があり、よりよい話合いになります。これらの活動は教師による指導というよりは自分で律することになります。そうした自分で決め、行動することを主に議題にして会議をすることで大きく子ども達は成長していきます。

　子ども達は、普段何気なく生活する傾向にあります。あいさつや廊下歩行では自分の視点にとどまり、他者の迷惑を考えず騒がしくしたり、ふざけたりする場面があります。その際に、他者から問題であると告げられ、考えることを通して、客観的に物事を捉えられるようになります。【他者視点取得】

実践する前に

1-2

ダダクマ会議に必要な4項目②

提案理由

カチッサー効果

本実践であるダダクマ会議において

「提案理由」とは、その議題で話し合う理由のことです。

なぜその議題で話し合うのか、その背景のことを指します。これがしっかりと明示されなければ、ただ話し合うだけに終わります。しっかりと意味や意義を理解して話し合わなければ、実りのある話合いにはなりません。しかし、理由を述べればよいというわけではありません。では、どのような提案理由にすればよいのでしょうか。

心理キーワード

カチッサー効果

　カチッサー効果とは、ある働きかけをする際には、理由を付け加えることで相手に納得感を与えることです。

　会議において、そもそもなぜこの議題で話し合うのかということを大切にします。そうすることで、納得感のある会議にすることをねらいます。

実 践 の 詳 細

ダダクマ会議における提案理由は、次の言葉を入れます。

> ・学級目標の言葉
> ・よりよい集団になるためという趣旨の言葉。

たとえば、
「お手本となる三年生になるため」
という提案理由が考えられます。
この年の学級目標が「お手本となる３年生」でした。
下級生の見本となり、立派に行動することを目標としました。

❶学級目標の言葉
学級目標は学級みんなで決めたことです。
その目標に立ち返ることで、納得感をもって話し合うことができます。
　さらに、繰り返し立ち返ることで子ども達の意識に強く意識づけさせることができます。
　そして、さまざまなことが学級目標と関わることも理解できます。
　また、子ども達が自ら提案理由を考えるときに、まずは、学級目標に注目するという視点をもたせることで考えるヒントを与えることになります

❷よりよい集団になるためという趣旨の言葉
　「３年生」という言葉に「集団や仲間」という意味合いが込められています。お手本となる３年生とは、集団や仲間という意味合いが込められています。会議を行っていると、不適切な発言が出てくることがあります。
　たとえば、解決策を話している際に、だれかを吊し上げたり、学級の仲間に罰を与えたりするものです。
　こうした発言に、他者を排斥すれば解決するとか、辱めを与えれば変えることができるという思考があります。そうした考え方は適切とはいえません。

そこで、教師が

フレーズ

「提案理由には、何と書いていますか。」

と一言伝えます。

「３年生」という言葉に注目させます。３年生という言葉には集団や仲間という意味が込められていています。

つまり、個人（自分）の利益の追求だけでなく、集団としての成長という意味が記述されています。この一言で、多くの子どもは気がつきます。

けっして目の前の利益や事実ではなく、学級として成し遂げたいという本来の目的を認識します。子ども達の話合いだから、教師は介入すべきではなく、任せるべきであるというのは、一つの考え方ですが、実態や状況に応じて指導しましょう。排斥するような意見が多くなれば、教室は殺伐としたものになってしまいます。そうした空間にしてはいけません。したがって、教師が積極的に介入し、気づかせることが大切です。

このように、子どもに納得して伝えることができるものが提案理由です。
【カッチサー効果】

提案理由が子ども一人ひとりの成長と、集団の成長のためという意味が含まれていれば、個人を排斥するなどという意見は不適切であることを子どもたちが気づくことになります。

また、お楽しみ会をする際もただ、するのではなく、なぜするのかを子ども達と考えていきたいです。

たとえば、学期末に行うお楽しみ会では、

• 学級や学年の絆を深めるため
• お互いを「よくがんばったね」とねぎらったり、認め合ったりするため

つまり、お楽しみ会という活動はよりよい集団になるために行います。そうした活動の本来のねらいや目的を学ぶ機会になります。

POINT

- 子どもから発言することを待つ

　前に、「教師が介入してもよい」と書きましたが、学級に集団という意識が芽生えた際は、待つことも大切です。子ども達から、「提案理由に〇〇とあるので、反対します。」などと発言することを待つこともしたいです。そうした、発言する機会を与え、さらなる成長を促したいです。

- 教師から「提案理由」を示してもよい。

　提案理由とは話合いの根本的な問いです。子どもにとってかなり難しい項目になります。そこで、最初の段階では、教師の方から掲示してもよいです。徐々に、子ども達の方から示せるようになります。ただし、教師が掲示はしても、問い続けることで次の会議につながると考えます。

- 提案理由の言葉は繰り返し使ってもよい

　同じ言葉を使用すると子ども自身で提案理由の言葉を書くことができます。また、低位の子も理解することができます。

ま　と　め

　提案理由によって、みんなでよりよく成長していくための話合いであることを意識させましょう。

ダダクマ会議に必要な4項目③

1-3 めあて

メタ認知

本実践であるダダクマ会議において

「めあて」とは、話し合う際の話合いの技能や態度のことです。

　話合い活動では、言いたいことを言ったり、話題がそれて話合いを展開したりすることがよくあります。

　そうした話合いでは、そもそも話合いが成立しません。

そこで、話合いの技能や態度についてしっかりと意識する必要があります。

心理キーワード

メタ認知

　メタ認知とは、自分たちの活動を客観的に捉えることです。つまり、自分たちの話合い活動をただ行うのではなく、しっかりと達成しているか、不足はないか、俯瞰して捉えることです。

　話合い活動における技能の過不足を吟味し、それを補うことがねらいです。

実 践 の 詳 細

たとえば、技能や態度においては、以下のようなものが挙げられます。

❶一人一回は発言する。

❷最初に意見を言ってから理由を言う。

❶「一人一回は発言する」は、話合いにおける取り組む姿勢にあたります。実態として、発言しない人がいたり、積極性に欠けたりする場合、一度は発言しようとめあてを決めます。

また、❷「最初に意見を言ってから理由を言う」は、論理的な話合いができていない場合に提示してもよいでしょう。

このように、話合いの土台となる技能や態度について課題を明確にし、それを意識させることが大切です。

そうすることで、学級の課題を客観的に捉えることができ、話合いが上達するようになります。【メタ認知】

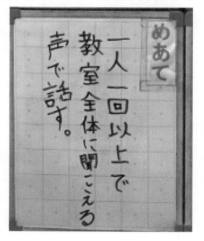

POINT

- 2つ以内でよい。

    あまり多く掲示しないようにします。いくつもあると焦点が定まらず、効果が半減してしまいます。

ま と め

話合いの技能面にも注意させ、よりよい話合いをさせましょう

1-4　ダダクマ会議に必要な4項目④

話し合うこと①
話し合うこと②

フレームワーク

本実践であるダダクマ会議において

「話し合うこと」とは、話し合う内容（柱）のことです。

　議題によって、会議全体の話し合う内容について理解することができます。
　しかしより具体的に話すことについて示す必要があります。それが「話し合うこと」になります。ダダクマ会議では、しっかりと「話し合うこと」を設け、話す内容をより詳しく子ども達に示すことができます。
　では、どのように提示するのかを詳細にみていきます。

心理キーワード

フレームワーク

　フレームワークとは物事を捉える枠組みのことです。
　人は、認識したり、活動したりする際に、枠組みをもち、それに当てはめて物事を捉えることができます。話合いも原則2つの柱で話すことで、効果的な話合いをすることをねらいとします。

実 践 の 詳 細

基本的にダダクマ会議において「話し合うこと」は次の２つです。

> 話し合うこと①…「現状」
> 話し合うこと②…「解決策」

（１）話し合うこと① 「現状」

話し合うこと①は「現状」について「出（ダ）し合う」ことをします。現状とは、ある場面における課題やよい点のことです。言い換えれば、ある場面の様子のことです。たとえば、掃除の現状について話し合う場合、掃除のときの課題点、よい点について話し合います。

（２）話し合うこと② 「解決策」

話し合うこと②は「解決策」について「出（ダ）し合」ったり、「比べ合」ったり、「まとめ」あったりすることです。たとえば、出（ダ）し合った掃除の現状（課題など）を解決することを話し合います。

POINT

- 原則、話し合うことは２つ

    話し合うことは２つに絞るとよいと思います。３つ以上になると時間がなかったり、何について話しているのかわからなったりするなどの問題点が生じます。そして、焦点化されず、深い話合いにならないことが多いです。
- 話し合うこと①②を概ね毎回同じにする。

    毎回の会議で話し合うこと①②を示し、同じような展開（現状から解決策へ）で話し合うことで、子ども達のなかで話合いの枠が形成されます。【フレームワーク】

ま と め

「話し合うこと」を原則２つにして、毎回同じフレームで見通しのある話合いをしましょう。

実践する前に

2

ダダクマ会議の構成メンバーについて

チームビルディング②
〜個々の役割の明確化〜

　ダダクマ会議をする前、話合いを行うときにだれがなにをするのかということがはっきりしない状態ではよくありません。特に、司会は決めてもそれ以外の人はなにも役割がない。そのような状態での話合いは望ましくありません。それでは、より効果的な話合いもできないですし、よりよい意見はでてきません。

　そこで、右のページにある「議長団とフォロワー」という提示をします。

心理キーワード

チームビルディング②〜個々の役割の明確化〜

　チームビルディングとは、優れたチームを作る仕組みのことを言います。

　優れたチームとは、個性と主体性を発揮しつつ一体感をもってゴールへと進んでいくことです。

　そこで、大切なことが、①1つの目標やテーマ、目的を共有すること、②個々に明確な役割をもたせることが上げられます。そこで、本節では「②個々に明確な役割をもたせること」について詳しく見ていきます。

　司会という中心的な役割はもとより、全員の役割を明確にします。つまり、学級をよりよいチームにするために、個々に明確な役割を示し、すぐれた話合いをすることをねらいとします。

構成メンバー

● 議長団（6名）

2−1
1 司会 **1**名

2−2
2 副司会 **1**名

2−3
3 黒板書記 **2**名

2−4
4 ノート記録 **1**名

2−5
5 掲示用書記 **1**名

● フォロワー（議長団以外の人）

　ダダクマ会議には、すべての子ども達に役割があります。それは、❶司会や
❷副司会、❸黒板書記、❹ノート記録、❺掲示用書記、フォロワーです。

　このように、個々に明確な役割をもたせます。個々の役割を果たし、一体感
をもって話合いを進めることができます。詳しくは、次の頁から説明していき
ます。

2-1 ダダクマ会議の構成メンバー①

司会者（1名）

リーダーシップ

本実践であるダダクマ会議において

「司会」とは、会議全体を進める役です。

はじめの言葉から終わりの言葉まで中心となって進めます。集団には様々な価値観が存在しています。そのような中で、だれもまとめる役がいなければ、話合いは混乱したものになります。

そこで、司会という役が必要になります。

しかし、難しいものではなく、しっかりと台本（司会進行表）があり、数回行えばだれでもできるようになります。

しかし、台本通りに行かない場合は多々あります。その際に、どのように対応すればよいのかを考えていきましょう。

心理キーワード

リーダーシップ

リーダーシップとは、メンバー（リーダー以外）に心を一つにしようと働きかけることです。ダダクマ会議では、司会がリーダーです。その司会が他の子どもたちを率先してまとめ、司会進行することで心を一つにする会議をねらいます。

実 践 の 詳 細

> 司会は基本的に司会進行表に記載されているセリフを言います。

しかし、話が滞ったり、話題がそれたりすることがあります。
そこで司会の「役割」と「フレーズ」を以下に整理しました。
※本節の「フレーズ」は子どもが言うものです。

> 役割①　司会進行表の進行の言葉を述べる。

司会進行表に記載されている「これから第○回　ダダクマ会議を始めます」
から、「これで第○回、ダダクマ会議を終わります」までの言葉を司会は言わ
なくてはなりません。

台本として記載されているので、回数を重ねると簡単にできます。その言葉
とともに、中心となって行うことでよりよい話し合い活動を実現することがで
きます。【リーダーシップ】

> 役割②　発言する人を指名する。

フレーズ▶「○○さん、お願いします。」

POINT

- みんなが発表できるように、すばやく指名する。
- 副司会と協力して、同じ人ばかりに当たらないように工夫する。
　会議中、副司会は、児童名簿を使って、発言者をチェックして
おく。
- いろいろな人から意見を出してもらう。
「まだ意見を言っていない人の考えを教えてください。」
- 意見を言っていない人がいたときにフォローする。
「まだ発言していない人は、意見を言ってください。○○さん、
どう感じますか。」

役割③　話し合いの展開を調整、修正する。

フレーズ　「議題（話題）からそれています。…について意見を言ってください。」

　よく話題がそれてしまうことがあります。たとえば、現状について話すべきにも関わらず解決策を述べてしまう発言者がいます。

　そのままにしてしまっては、話合いが混乱します。そこで、まずはしっかりと、話し合いが話題からそれていることを伝え、何について話し合えばよいかを述べることが大変重要になります。

POINT

・事前にしっかりと○○について話しますと述べる。
　司会進行表の話し合うこと①などにも載っていますが、
フレーズ　「今から、・・・・について話し合います。」
　　　　　「・・・の順序で話し合っていきます。」
　と説明すると事前に防ぐことができたり、修正した際にフォロワーの方が気づきやすくなります。

・何が問題か、どこまで進んだかをいつもはっきりさせる
フレーズ　「みんなの意見は、・・・ということでいいですね。」
　　　　　「・・・と・・・の二つの意見に分かれています。」
　　　　　「・・・は決まったので、・・・について意見を出してください。」

役割④　話合いが活発になるように働きかける。

・話合いが止まってしまった場合
フレーズ　「周りの人と１分間、話し合ってみてください。」
　「隣の人と相談してください。グループの人と話し合ってください。ホワイトボードに意見をまとめましょう。」
このように、話合いが滞ってしまったときに、

❶話し合う時間を取ること
❷ペア、グループ、立ち歩いて他の人と話し合うこと
❸ホワイトボードにまとめる
　などの方法を理解させることが大切になります。
　　このような方法を知ることで、教師がいなくても話合いを行うことができます。また、委員会や自治活動といったさまざまな場面で活発に話し合うことができます。

役割⑤　話し合ったことを決めたり、整理したりする。

フレーズ

「・・・の賛成意見が多いので、・・・に決定してもいいですか。」
「・・・は反対意見が多いので、・・・は消してもいいですか。」
　このように、賛成反対を意見し合った後に上のように言います。
　いつも多数決ばかりではなく、話合いながら意見をまとめていくための話型を指導することが大変重要になります。
また、
フレーズ「AとBの２つの意見がありました。Aは決まったので、Bについて意見を出してください。」
　と話合いを整理します。
　話合いは一つの意見とは限りません。複数の意見をまとめ、整理することが大切です。

役割⑥　話し合いの途中で時間がきてしまったときに、どの方法で「まとめる」かを提案する。

　　このように司会はいくつもの役割があります。しかし、司会だけの人に任せては負担があります。そこで、副司会と協力して行うこと、そして、教師が介入しながら示すことが大切です。

ま と め

効果的な話合いを行うためにも、いくつかの話型を指導しましょう。

2-2

ダダクマ会議の構成メンバー②

副司会（1名）

サブリーダーシップ

本実践であるダダクマ会議において

「副司会」とは、司会の補助役です。

司会はとにかく忙しいです。一人でこなすことにも限界があります。そこで、その補佐を用意する必要があります。しっかりとした補佐がいることで円滑な話合いになります。

しかし、副司会の役割は不明瞭になりがちです。具体的にどのようなことをすればよいかわかりません。そこで副司会の役割を明確にすることがとても大切です。

心理キーワード

サブリーダーシップ

サブリーダーシップとは、リーダーを支える役割のことです。その役割は進行が円滑にいかなかったときにリーダーを支えたり、お互いに考えたりすることです。さらに、リーダーの心理的支えになります。リーダーの役割は大きいです。子どもによっては、不安になる子がいます。したがって、そのリーダーを精神的に支える役割も担っています。そうした技能面と精神面の両方の支えをねらいとします。

実 践 の 詳 細

副司会の役割は主に2つあります。

> 役割① 時計やタイマーを見ながら会議の進み具合に気をつける

司会は大変忙しいです。

そこで、副司会は、会議の進行の進み具合を調整したり、確かめたりします。話合いの進行は時計マグネット（p111）にて計画しています。計画は、議長団や教師と決めてもよいでしょう。

時計マグネットに何時までになにについて話し合うのかが記されています。その時刻をみて、話合いがその時刻を過ぎていた場合、司会の子に対して

フレーズ▶「次の話し合うことに入った方がいいよ」

などと助言をします。

こうした助言によって進み具合を把握することで、司会は、話合いの内容に集中することができます。

POINT

- タイマーを操作させます。

  話合いにて司会は、「3分取ります」と言います。そうした場合、率先してタイマーを操作します。小さい仕事かもしれませんが、タイマーを操作することで、時間の把握をしっかりと行うという自覚をさせることができます。

> 役割② 児童名簿を使って、発言した人を記録する

なるべく全員が発言するように、司会者にまだ発言していない人を教えたり、自ら指名したりします。そうすることで、全員が発言することで、全員参加を図ることができます。

このように、司会と副司会が協力することで全員が参加し、そして効果的に話合いを展開することができます。

ま と め

副司会の人にもしっかりと役割を意識させましょう。

2-3 黒板書記（2名）

ナンバリング効果

本実践であるダダクマ会議において

「黒板書記」とは、黒板に意見などを書く役です。

黒板や模造紙に書くのは教師であることがあります。

それは黒板に書くという行為が大変むずかしいからです。

しかし、黒板に書くという行為がない話合いに、本当の自治的行為はありません。

たしかに、子どもや学級の実態に応じて選択することは大切ですが、あくまで子ども達が書けるようになるよう働きかけることが大切です。ダダクマ会議の大きな特徴に、黒板に書くという行為は「子ども達にある」ということです。

では、どのように働きかけ、そして、どのようなことを行うのでしょうか。

ナンバリング効果

ナンバリング効果では、数字をふることで、だれもが理解しやすい効果が期待されます。大勢の情報を共有し、議論するためには番号をふることで効率よく話し合うことをねらいます。

実 践 の 詳 細

黒板書記の役割は主に３つあります。

役割① 黒板に意見を縦に書く

黒板書記は、発言した人の意見を書きます。その際には、必ず縦書きにします。こうすることで、２人同時に書けるからです。横書きにすると、上下で書かなくてはいけないので、２人同時に書きづらいからです。縦であれば左右に分かれ書くことができます。したがって、縦に書いていきます。

さらに、右から左に順に書きます。そうすることで時系列で進み、話合いの進み具合を視覚的にわかるようになります。

さらに、意見には番号を書きます。【ナンバリング効果】

番号を振られた意見が並ぶことで、発言者は「○番に賛成（反対）です」と言うことができます。

話合いがだれにでもわかるためには、番号をふりましょう。

POINT

- 日常的に子ども達が黒板に書く習慣を設ける

  どんどん意見が出てきた際に、手際よく黒板に書く必要があります。日常の学習から子どもが黒板に書くことに慣れるように授業を展開するとよいでしょう。本書ではそこまで言及できませんが、あらゆる授業で、子どもが黒板に書く活動を行わせることで、多くの子が黒板に書くことができるようになります。

- 短くまとめて書くことが重要。

  話合いではどんどん意見が出されます。すべてを書いていては時間が足りません。そこで、「１年生でもわかるくらい短い文で書きます。」と助言してあげます。短く欠かせるように働きかけることで書くことが苦手な子にも優しい指導を行います。

- 黒板書記が追いつかないときは待たせる。

  短く書いても、意見がどんどん出てしまうと、なかなか書くのが追いつきません。

  そのときは、「黒板書記が書き終わるまで待ってください。」としっかり伝えるようにします。

意見が黒板に書けないとその後の話合いに深まりがありません。少々時間がかかってもよいので、書かせる時間を取ります。

役割②　賛成反対マグネットを貼ります。

　比べる段階で、賛成反対を取ります。そのときに、賛成意見には賛成のマグネットを貼り、反対意見には反対のマグネットを貼ります。そのとき、それぞれの意見の「理由」を書く必要はありません。書くスペースがないため書かなくてもよいです。（ただ、話合いの状況によっては書いても良いです）

役割③　決まったことにマークをつける。

　話合いで決まったことには、星マグネット（P111）をつけさせます。仮に、星マッグネットがなければ、星のマークでも構いません。しっかりと何が決定したのかを明確にすることが大切になります。

ま　と　め

黒板を子ども達に書かせるよう工夫しましょう。

／　　第（　　）回　ダダクマ会議

司　　　会（　　　　　　　　　　）・副司会（　　　　　　　　）
黒 板 書 記（　　　　　　　　　）（　　　　　　　　）
ノート記録（　　　　　　　　　）掲示用書記（　　　　　）

議　　題：
提案理由：
め あ て：
話すこと（　　　）

2-4 ダダクマ会議の構成メンバー④
ノート記録（1名）

リフレクション

本実践であるダダクマ会議において

「ノート記録」とは、話し合いの経緯をノートに記録する役です。

　話し合いを行い、終了したら黒板を消してしまうことがあります。せっかく議論し終わったのにも関わらず、黒板を消してしまっては、残るものはありません。

　そこで掲示用書記（p 94 ～ 95）の役が記録し掲示します。しかしそれは「決まったこと」のみです。それ以外の現状や解決策を残すことはありません。そこで、全ての記録をとる役が必要になります。それがノート記録です。

心理キーワード

リフレクション

　リフレクションとは振り返るという意味です。話し合いを通してどのようなことを学んだのか、または出し合ったのかなどを記録することで、のちの振り返りに活用することができます。自らの成長を認識できることは自己肯定感や学習意欲へとつながっていきます。

振り返り

実 践 の 詳 細

ノート記録の役割は主に4つあります。

> 役割①　議長団、4項目を記入する。

ノート記録は議長団、4項目を記入します。

ノートは、罫線を使うとたくさんの量の意見を書くことができます。ただ、ワークシートを用意してもよいでしょう。

> 役割②　話合いの意見を書く。

ノート記録の最も大きな仕事が意見をすべて書くということにあります。出された意見を横に記入していきます。すべての意見を書くことになります。

> 役割③　決まったことに印をつける。

話合いはまとめる段階で意見を決めます。その際に、黒板書記がマークした意見を同じように星印を付けたり、丸印をつけたりします。

> 役割④　最後に「決まったこと」をみんなで発表する。

最後に司会が「ノート記録の人、発表してください。」と言います。そのときに、しっかりと決まったことを伝えます。

このようにノート記録によって話合いの様子が記録されます。

こうした成長の証として残すことがとても大切です。

学期末に、どのような現状だったのかを教師から発表すると、より成長していることがわかります。是非、昔のノートを読み上げ、自分たちの成長を感じさせることをおすすめします。

ま と め

ノートに話し合ったことを確実に記録させましょう。

ダダクマ会議の構成メンバー⑤

2-5 掲示用書記

即時確認の原則

本実践であるダダクマ会議において

> 掲示用書記とは掲示用のプリントに記入する役です。

多くの話合いでは、決まったことは教師が書くことがあります。しかし、あくまでも会議は子どもたち自身が決定したものです。それを教師が書くのはとても不自然なものです。

子どもたち自身で記入し、子どもたちの文字で掲載する形を取りたいです。

そこで掲示用書記というものを設けることにしています。

心理キーワード

即時確認の原理

即時確認の原理とはある行為の是非について、すぐに確認することで改善しやすくなることです。

学級の課題をなるべく早い段階で話し合うことでより効果的に改善することをねらいます。

実 践 の 詳 細

掲示用書記は以下の手順で作業します。

> ①　話合いの前や途中で、日付と議題を鉛筆で記入します。

そして、話合いで決まったことを記入します。多くの場合、３つほど記入します。ただし、１つや２つのときは、３つまで書く必要はありません。また、４つになったとしても、余白に書くこともあります。

> ②　鉛筆で記入したものを担任に提出します。

書き間違えなどを防ぐため、一度担任に鉛筆で書いたものを提出させます。

> ③　ペンで書きます。

次に、教師は子どもになぞるように伝え、再度提出してもらいます。

ペンで記入したものをもらったら、担任は、子ども自身にすぐに掲示させます。

会議が終わったらすぐに掲示させることで、すぐに自分たちの話し合ったことが明確になり、効果的に指導できます。【即時確認の原理】

このように、すぐに振り返ることで話し合ったことを定着させることができます。

ま と め

掲示用書記を設け、すぐに振り返る仕組みを作りましょう。

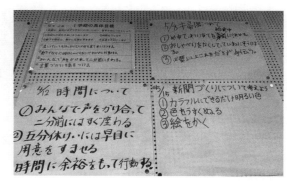

ダダクマ会議の構成メンバー⑥

2-6 フォロワー

二次的ことば

本実践であるダダクマ会議における

> フォロワーとは、議長団以外の人たちです。

フォロワーはともすると「お客さん」になりがちです。

つまり、議長団が一生懸命行うが、フォロワーであるその他の人が非協力的になってしまうことです。しかし、フォロワーには大切な役割があります。

また話合いにおいて、どのように言ったらよいかわからない子がいます。どの子も自信をもって発言して欲しいものです。

さらには、言い方がそれぞれ異なり、何が言いたいのか不明瞭の場合もあります。40人という大人数で話し合うには、共通した言葉で話し合った方が、より聞きやすく話合いがスムーズに進みます。

心理キーワード

二次的ことば

二次的ことばとは、大人数に向けて自分で話を組み立てていかなればならないような言葉のことを言います。

たとえば、意見と理由を並べて述べる言葉であったり、具体的な例を用いてよりわかりやすくしたりするような言葉です。

つまり、社会で必要とされる言語であるといえます。そうした言葉を積極的に習得させることが、これから生きていくうえで必要とされています。ダダクマ会議では、二次的ことばの獲得を目指し、子どもの成長をねらいます。

実 践 の 詳 細

フォロワーは主に、2つの役割があります。

役割①　話合いを支える

40人学級であっても、議長団はたったの6名です。その他の34名がフォロワーです。つまり、大多数はフォロワーなのです。

したがって、フォロワーの協力がないと話し合いは成功しません。したがって、「思いやり」「協力すること」「全員参加」という意識をもたせることが大切になります。

役割②　話型を意識して話し合う。

話型は以下のとおりです。

【基本的な話型】
自分の意見を言う場合
「私は、〇〇だと思います。理由は、〇〇だからです。
「私は、〇〇がいいと思います。理由は〇〇だからです。」
　立場を最初に述べさせ、その理由を述べることを基本の形とします。

ルール①　賛成意見を言う場合

「私は〇〇の意見に賛成です。理由は〇〇だからです。」

基本話型と同じように立場（結論）を先に述べ、理由（説明）を言わせます。そうした方が、理解しやすいことを伝えながら指導します。

ルール②　反対意見を言う場合

「〇〇の意見には反対です。理由は〇〇だからです。」

これも同じく立場を最初に述べ、その理由を述べることを基本の形とします。しかし、相手の意見を受け止めてから意見を述べるようにしたいものです。

　反対意見は、話し合いを活発にするためにも重要です。ただ、そのときに、「ちがう」、「だめ」、「おかしい」と頭ごなしに否定する言葉はよくありません。相手に、不快な思いをさせかねないものです。

　そこで「相手の意見もわかりますが…」としっかりと相手の意見を一度受け止めていると言うことが伝わるように発言させます。

　たとえば

　「私は、〇〇もいいと思います（わかります）が、▲▲がいいと思います。理由は、〇〇だからです。」

　「〇〇さんは▲▲といいましたが、むずかしいと思います。」

　などと「受ける」ことが大切です。

ルール③　付け足しをする場合

　「〇〇さんの▲▲という意見に付け足します。私は〇〇したら、もっと▲▲になると思います。」

ルール④　質問する場合

　「〇〇さんに質問します。▲▲は、〇〇ということですか？」

　「〇〇さんに質問します。さっき▲▲と言いましたが、もっと詳しく教えてください。」

　だれに質問するかをしっかりと言わせます。そうすることで、聞き手も理解でき、わかりやすい話合いになります。

ルール⑤　考えがまとまらない場合

　「今考え中です。後でまた当ててください。」

　「考えています。後で答えていいですか。」

留 意 点

「**考え中です。**」だけで終わらせるのではなく、その後どのようにするかをしっかりと発言させるようにします。そうすると、責任をもって考えようとする子が増えます。しっかりと答えるという意識をもつようにさせましょう。

　話合いが終わってしまいそうな場合、「**質問に答えていただけますか？**」とそのままにしないようにします。そうすることで、発言する機会をつくります。

> ルール⑥　話題がそれた場合

「今、〇〇について話しているので、〇〇に戻してもいいですか？」

> ルール⑦　2つ（複数）のものをまとめる場合

「〇〇と▲▲の意見は、まとめていいと思います。理由は□□だからです。」
「〇〇さんの意見は、□□ということですか？それならば、□□と▲▲はまとめていいと思います。」

> ルール⑧　折り合いをつける場合

「私ははじめ、〇〇と思っていましたが、□□もいいと思いました。」
「私ははじめ、〇〇と思っていましたが、□□さんの意見を聞いていたら△△もいいと思いました。」

　このように、議長団ではなくフォロワーの言葉を中心に記載しました。
　ダダクマ会議は討論ではなく、「議論」です。それぞれの意見を聞き、よりよい意見を生み出すことが大切です。
　したがって、子ども達が相手に対して考えを変えた理由をしっかりと伝えることが大切です。なにより、建設的に話合いを行うことの大切さを伝えたいものです。【二次的ことば】

ま と め

　話型を段階的に指導し、だれでも参加できる話合いにしましょう。

3 議長団は輪番で行う

社会手抜き（フリーライダー）の防止

　よく学級会などでは、議長団を年間通して変えなかったり、1学期に1回変えたりするなどの実践があります。

　たしかに、変えなかったり、長く議長団を行ったりした方が、議長団の司会進行は円滑になります。話合いは効率よく行われます。

　しかし、どの子にも司会する力をつけたいものです。

　また、特定の人のみが中心となる学級にはしたくありません。がんばっている人がいる一方、いい加減に参加してしまう人が存在してしまいます。

　では、どのようにすべきなのでしょうか。

心理キーワード

社会的手抜き（フリーダー）の防止

　社会的手抜きとは、集団の中で学習していると一人あたりの作業が低下する現象を指します。

　そこで、全員が必ず参加するシステムを構築し、参加意識を高めることをねらいとします。

実 践 の 詳 細

> 議長団は、ルーレットを使用して輪番にする。

　右下の写真をご覧ください。

　２つのルーレットが重なっています。

　小さいルーレット（内側）に、議長団（司会、副司会、黒板書記、ノート記録、掲示用書記）が記載されています。

　大きいルーレット（外側）には、子ども達の氏名が記載されています。

　ダダクマ会議が終われば、時計回りに議長団ではない子のところまで回します。

　このように、数回の会議によって全員が経験するようにします。

　このような工夫によって、役割意識が生まれ、積極的に参加することが期待できます。【社会的手抜きの防止】

　その他の効果は以下の３点あります

- 学級全員に話合いのスキルが育ちます。
- 全員参加させるという教師側の意識が伝わります。
- だれがなにを行うかが明確になります。

　ダダクマ会議の大きな特徴に「すぐに実行する」ことがありました。その際に、だれが次の会議の議長団であるかが一目瞭然です。

ま と め

　ルーレットを使って、全員参加を可能にし、全員の意識を育てましょう。

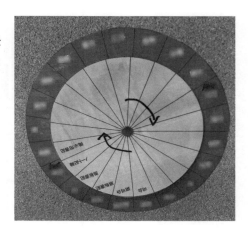

4 板書の工夫

可視化

　話合い活動は、言葉でのやりとりです。そこで、黒板などを使わず、ただ、言葉のみで行えば今なにについて話し合っているのかがわからなくなります。それでは、全員が参加するものにはなりません。また、より深い議論になることはありません。そこで、黒板を使用します。黒板を使って、発言の情報を視覚的に共有します。では、どのように黒板を活用すればよいのでしょうか。

心理キーワード

可視化

　可視化とは、言葉のみではなく、目に見えるようにすることです。

　ダダクマ会議で発言された意見を黒板に板書したり、ホワイトボード、マグネットなどを活用したり、目に見える状態にすることで子どもの理解を促します。

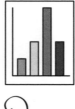

場面型に板書をする。

　場面型とは、時間の流れがわかるように右から左へと書いていくものです。こうしたことで、今どの段階で話しているのかを理解することができます。どの子も右から左へと書けばよいとなるので、どの子も書けます。

ま　と　め

　黒板は縦書きで、右から左に書くようにしましょう。

5 ダダクマ会議を成功させる 必須アイテム

環境暗示

　これから13点の会議アイテムを紹介します。

　たしかに、アイテムを作ることは大変です。手間もかかります。

　しかし、ダダクマ会議では、子どもがほとんど行います。その際に、助けとなるのが、アイテムです。子ども達は、アイテムによって、視覚的に何をしたらよいのか、何を書いたらよいのか、どのように進めたらよいのかがわかります。会議を進めるうえで大変助けになります。

　教師の言葉がなくとも進めることができる大きな要素になります。

　さらに、一度作れば、5年以上使用できます。本書では、実施するうえで最小限のものを掲載しました。

環境暗示

　環境暗示とは、人の行動は、環境によって影響を受けるという心理です。つまり、会議のグッズなどの環境を整えることによって、子どもに安心感をもたせて取り組むことができます。

ダダクマ会議を成功させる必須アイテム一覧

1 会議のタイトルマグネット

2 議長団の名札

3 ホワイトボード（４項目）

4 司会ファイル（ノート）

5 記録ファイル（ノート）

6 掲示用の用紙

7 タイマー

8 出し合う、比べ合う、
まとめるマグネット

9 賛成反対マグネット

10 星マグネット

11 時計マグネット

12 今ココマグネット

13 黒板の見本

　ダダクマ会議の特徴はすぐに実施できることです。状況によっては、1時間の中で、急遽実施することもあります。そこで、右の写真のようなものを用意します。第○ダダクマ会議という文字はプリントアウトしラミネートしています。そして、回数の部分をくり抜いています。そのため、タイトルである「ダダクマ会議」という文字を書く必要がありません。ただ、回数の数字をかけばよい形になります。

　そうすることで、タイトルを書く時間の短縮になります。

　さらに、たまに貼る位置を間違える子がいますが、貼り物だとすぐに移動することができます。

　議長団には、名札をつけさせます。会議中にだれがどの役割であるかが明確であると、フォロワーも理解して話合いに参加できます。さらに、自分の役割を意識することにも繋がります。そして会議前にだれがどの役割なのかを明確にすることで、より早く準備できます。たとえば、司会であれば司会ファイルが必要になります。教師は、司会が明確

であれば司会をする人に準備するものを助言しやすいです。このように名札によって、会議の前、会議中などで大きな効果を発揮します。

☑ 3　ホワイトボード（4項目）

　多くの実践で、項目だけをマグネットにして、議題の内容などは直接板書することがあります。しかし、書くことに時間がかかります。さらに、4項目を書く黒板の場所は集中しています。書く際に狭く窮屈になりがちです。

　したがって、窮屈になったり大きく時間がかかってしまったりします。

　本実践では、議題、提案理由、めあて、話し合うこと①②はホワイトボードに記入します。

　写真にあるように、ホワイトボードに議題、提案理由などの札を貼っています。

　札があることで、何をどこに書けばよいかが明確です。ホワイトボードがあるだけで、何を書けばよいのかを議長団が視覚的に理解できます。さらに、ホワイトボードは取り外しができます。取り外して、おのおの記入することができ、密集することなく書く役の人が協力して完成させることができます。

　また、ホワイトボードは移動ができます。話の展開上、黒板にたくさん意見を書かなくてはいけない場合があります。その際に、移動したり、黒板から取り外したりすることができます。

　会議に十分な時間を確保するためにホワイトボードは大変効果的です。

☑4　司会ファイル（ノート）

　司会ファイル写真①とは司会進行表が入っているファイルです。司会は司会進行表を見ながら、会議を進めることができます。司会進行表の4項目は基本的に空白です。空白の部分はホワイトボード（4項目）を見て述べます。基本1枚だけでよいです。しかし、必要に応じて、実際に司会進行表に書かせてもよいです。その場合、十数枚まとめて閉じることをおすすめします。次の会議では書き込んだ司会進行表を外し、次に新しい進行表を使用することができます。

☑5　記録用ファイル（ノート）

　記録用ファイル写真②とは、ノート記録の人が議題や提案理由、黒板に書かれたことを記入するためのものです。
　児童の実態によっては、罫線だけのものを使用し、たくさんかけるものを用意することもできます。ただ、まだ慣れていない学級では、ワークシートのように項目があり、どのように書いたらよいかを示すほうが子どもの理解を促します。
　ファイルではなくノートでもよいです。日付は必ず書くようにしましょう。フィードバックする際に日付があるとより詳しく子ども達に還元できます。

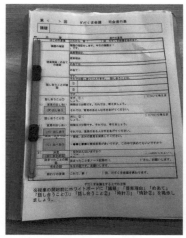

写真①司会ファイル（ノート）

写真②記録用ファイル

☑6 掲示用の用紙

　掲示用の用紙（A3）とは、日付、議題、決まったことを記入するものです。

　ぜひ、会議で話し合って決まったことを掲示しましょう。

　すぐに振り返ったり、日常生活に活かしたりすることが大変重要になります。

　以下のような形で、行います。

9月20日　議題五年二組を振り返って

①声をかけ合う

②欠がいとう教室なら欠の差々科せの持をもっていく

③他の人から見外ていることを意識する

　　①掲示用書記の人が会議中に鉛筆で記入する。
　　②鉛筆したものを教師が確認する。
　　③確認後、太めのペンで掲示用書記の人が書く
　　④書いたら、そのまま教室に掲示する。

　このように、話し合ったらその日に教室に掲示することができます。その日に掲示されることで、すぐに振り返ったり、確認したりすることができます。

☑7 タイマー

　どこにでもあるキッチンタイマーでよいです。話し合うこと①（意見を出し合うこと）で、時間をとります。その際にも時間をとるとよいです。

　ぜひ、時間を意識した話合いをしたいです。

　出し合う、比べ合う、まとめるマグネットとは、「出し合う、比べ合う、まとめる」という文字が入っているマグネットのことをいいます。ダダクマ会議には、「ダダクマ」という流れがあります。そのダダクマ会議の流れを視覚的に捉えたものです。

　実際に、黒板に掲示することで、いまどの段階を行っているかを視覚的に捉えさせます。

POINT

- 2セット作成するとよいでしょう。話合いによっては、出し合うという流れを2回行う場合も考えられます。2セットあると便利です。

　板書のところにニコニコとこまったマークのマグネットを貼ります。

　これは、比べ合う（ク）の段階で、賛成反対の意見を黒板に貼るのです。賛成反対の立場だけで構いません。その理由は書かなくてもよいです。書いていくとどうしても黒板が文字で埋め尽くされてしまい、かえって見えづらくなるからです。もちろん、正の字でも構いません。とにかく視覚化しやすいものにしましょう。そうすることで、議論が活性化し、よりよいものになります。

☑10 星マグネット

星マグネットとは、決まったところにつけるマグネットです。あると便利で教室の奥からでもわかります。

もちろん、チョークで星を書いても構いません。ただし、用意することで子どもたりに大きさもマグネットのような大きさで書くことを指導できます。

☑11 時計マグネット

話合いにおいて、時間通りにいかない。長く時間がかかってしまう。また、円滑な進行ができない。そんな風景を多く見ます。

時計マグネットとは、何時までに、なんの話合いを終わらせなければならないということを示すためのものです。

このマグネットを使用することで明確にわかります。なによりフォロワーがわかり、円滑に進むことができるのです。

なお、１時間の目安としては以下のとおりです。

・はじめにまでが５分
・現状までが１５分
・解決策の終わりまでが１５分
・おわり５分で

このマグネットを使用し、会議を時間通りにすすめることが大切です。そうした意識と見通しをもたせることで、会議の質が向上します。

☑12　今ココマグネット

　ねらいとしては話合いの段階がどこで
あるかを示すためのものです。
黒板書紀の人が話合いが進むにつれてず
らしていきます。３０人〜４０人の子ど
もたちが話し合います。どの段階を話し
ているかがわからなければ全員での合意
形成になりません。今、話合いがどの段
階かがクラスにわかり、円滑に進むこと
ができます。

☑13　黒板の見本

　黒板の様子を写真に取り、それをプリ
ントアウトしたものです。これまでいく
つかのアイテムを紹介してきましたが、
群を抜いて黒板の見本を用意することで
子ども達が主体的に活動します。

　いざ、黒板に掲示するホワイトボード
やマグネットを貼ろうと思っても、どの
ように貼ればよいかわかりません。そこ
で、「黒板の見本」を見ながら、ホワイ
トボードなどを貼ることができます。こ
の１枚があることで時間の短縮になりま
すし、見通しをもって取り組むことがで
きます。とても簡単に用意でき、大変大
きな効果を発揮します。

POINT

・会議ボックスを用意する

　これらのアイテムは教師が制作します。しかし、準備するのは子どもが望ましいです。

　そこで、アイテムがまとまってあるボックスなどを用意すると子ども達が率先して準備します。

留意点

・すべてを用意する必要はない

　これまで１３点のアイテムを紹介しています。

　ただし、これらすべてのものを用意する必要はありません。たとえば、ホワイトボードではなく直接書いてもよいです。児童の実態や状況に応じて選択していくことが大切です。

まとめ

　このようなアイテムを準備し、会議を円滑にすすめるように配慮したいです。さらに子ども達が会議しやすいようにすることで、心理的負担を軽減しましょう。【環境暗示】

　結果的に、生き生きと準備したり、話し合ったりする姿がみられます。

[第3章]

ダダクマ会議

実践編

本章では実際に行ってきた記録を中心に記載しています。具体的な実践内容をご覧いただき、より伝わるよう努めました。

0-1

会議を行うか行わないかを選ばせる

二者択一話法（選択話法）

　学級会や話合いなどでは、子どもたちが主体的に行っていない、やらされているような感じであるということがよくあります。

　教師の思いだけで、ダダクマ会議を行っては、子どもたちは話合いや会議の必要性を感じずに行うことになります。

　ではどのようにすればよいのでしょうか。

心理キーワード

二者択一話法（選択話法）

　二者択一話法とは、相手に質問する際に二つの選択肢を与え、相手が回答しやすいように配慮する話法をいいます。

　子どもたちに問いかける際には、なるべく選択肢を設け、答えやすいようにすることがねらいです。

実 践 の 記 録

　学級が始まりました。ダダクマ会議を導入しようと思い、「ダダクマ会議をやります。」と当たり前のように導入してはいけません。

　すぐに行うのではなく、意義などを語ることが大変重要になります。その手立てをまず説明させていただきます。

　どの学習でも同じことですが、最初の説明や語りがとても大切です。本章では、その説明をなるべく具体的に解説させていただきます。

STEP 1 → やるかやらないかを問います。

　最初に、子ども達に次のように問いかけます。

フレーズ

「みなさんに聞きます。

皆さんは、どちらの学級になりたいですか。

A…先生が怒ったり、注意したりしてやっと行動する学級

B…自分たちで考えたり、話し合ったりして成長する学級

どちらがいいですか。」

　このように問いかけると、子ども達はおそらく、Bの「自分で決め、話し合う」と答えるでしょう。子ども達は向上したい、自分たちで成長したいという思いに満ちています。ぜひ、そうした気持ちを引き出したいものです。また、子どもに選択させることで話合いの必要性を理解させます。

POINT

・全員の同意を得ること

　話を聞いていなかったり、よくわかっていない子がいます。そのときは改めて説明します。

フレーズ

「一人でもちがう（Aの方がよい）という場合はAにします。全員の気持ちが知りたいです。」としっかり全員の気持ちを確認します。

最初の段階で選択させ、「全員で行う」という意識をもたせます。

・否定する子には「成長する意義」を丁寧に説明する

　まれに、Ａがいいという子がいます。

　ここで、「なんということだ！？」と頭ごなしに否定することはしてはいけません。

　どのような意図でＡを選択しているのかを聞いてみることが必要です。

　たとえば、

　「Ａのほうが、楽だし、別に成長しなくてもいい。」と答えたとしましょう。

　ここで、反対意見の子と話し合ってもよいです。

　しかし、ここでは、教師による働きかけを掲載します。

　たとえば、次のように語りかけます。

　「たしかに、楽ですね。また、成長しなくてもよいという考えもありますね。しかし、楽なこと、成長しない選択をすることは簡単です。そこに達成した喜びもなければ、みんなで学ぶ必要はありません。

　また、将来的に話し合うことが必要になります。そして、多くの子が成長したいと思っています。ぜひ、少しでもよいので、一緒に成長しませんか。」

　このような問いや説明をすることで、話し合う、成長することの意義を逆に学ぶ機会とします。

　大切なことは、その子の思いを受けながら、「少しでも」一緒に学ぼうと働きかけることです。否定するのではなく、ちがう意見の仲間と一緒に学ぼうとする形をとります。

　さまざまな立場を大切にしながらも、認め合いながら行動する姿勢を教師が示すことをしていきましょう。

STEP 2 → 資料①を配付します。

資料①（P.123）を配付して、次のように伝えます。

フレーズ

「❶ダダクマ会議とは、何でしょうか。」を読みます。

・ダダクマ会議は、自分を成長させるもの

・みんなが楽しく、最高の学校生活をおくるためのもの

自ら考えず、教師の指示通りに生活することは成長がないこと、そして自ら選択する楽しさをしっかりと説明します。

なぜ、話し合うのか、ということを文字でしっかりと確認します。文字にすることで、多くの子の理解を促します。

このように、

❶ そもそも話合いをする・しないを選択させます。

❷ ダダクマ会議とはどのようなものであるかを理解させます。

❸ ❶・❷のことを文字として示し、全員の理解を促します。

POINT

・子ども達に説明する前に、以下の資料を作成します。

資料①（p 123）	①	ダダクマ会議とは何か
	②	ダダクマ会議のメンバーとは何か
資料②（p 127）	③	話す・聞くの約束
資料③（p 131）	④	司会進行表
資料④（p 133）	⑤	議長団が用意するもの

こうした働きかけは、子どもたちの同意を得ることがとても大切です。この意義を理解させることが１年間を左右するものになります。こうした理解があることで年間を通して充実した話合いになります。

ま と め

ダダクマ会議の第一歩を大切にしましょう。

0-2 議長団の意義を伝える

ダダクマ会議のオリエンテーション②

スモールステップ

　ダダクマ会議を説明するためには、しっかりとした資料が必要になります。しかし、たくさんの情報を与えすぎてはなんだか難しいという印象を与えかねないです。子どもの実態に合わせ、情報の量を選択する必要があります。さらに、役割と意義をしっかりと説明することで1年間の取り組みが異なっていきます。

　どのように説明したらよいのでしょうか。

心理キーワード

スモールステップ

　スモールステップとは、目標を細分化し、簡単な内容から小刻みに達成していくことで、最終目標に近づいていく学習手法です。

　話合いをするためには多くの技能が必要になります。しかし、一度に指導するのではなく、少しずつ指導することで子ども達に抵抗感や負担感を与えることを少なくすることができます。

実 践 の 記 録

STEP 1 → 議長団のメンバーを伝えます。

　資料①（P.123）の「❶ダダクマ会議のメンバーとは、何でしょうか。」に注目させ、メンバーについて簡単に説明します。

STEP 2 → 議長団の役割と意義を語ります。

　役の内容を説明しながら、その役がどのような役割と魅力があるのかをしっかりと説明することが大切になります。
　資料の❷の表には、「構成メンバー（議長団）」や役割について書かれています。それを読み上げ、役割と仕事内容と意義について伝えます。
　たとえば、司会であれば、
　「話し合いの進行役。議題をめあてにそって、進行させます。決められた時間内に終了させることも重要です。会議のリーダーとなる大切な役割です。」

　また副司会であれば、
　「司会の補助役。発言者のチェックやタイムキーパーの役割があります。リーダーを影で支える重要な相方です。司会が頼りにしている存在です。」

　このように、資料に記述されている役割を伝えながら、魅力や意義を伝えます。

　ただ、役割を伝えるだけなく、意気込みや意識をもたせることで、書かれている役割以上のことをする子どもがいます。

　自らその意義に基づき、考え行動する子どもが出てきます。
　そうした行為をほめることで、会議がより充実したものになります。

・多くを説明しない。

　たくさんの情報を伝えれば伝えるほど、子どもたちは難しい印象をもってしまったり、よく理解できない場合があったりします。大まかな概要だけで説明を終えます。

そして、実際に行いながら、説明したり、理解を促したりします。

STEP 3 → 安心させる。

話合いは子どもが主に活動するものです。

したがって、説明を受けた子どもの中には、とても不安になる子どももいます。その際には、教師がしっかりと「助ける」という言葉を付け加えます。

フレーズ ▶

「わからないことがあれば、必ず助けます。是非、先生を頼りにしてください。」

会議は子どもが中心となるという姿勢を保ちながら、わからないことなどは教師がしっかりと助けるということを示す必要があります。

ま と め

以下の３つに気をつけます。

❶ だれか（役割）が欠けても、会議は成功しない。

❷ 安心感を与えること。

❸ 学級全員がわかるように伝えること。

これらの３点に気をつけ、伝えることで意欲づけを行い、さらにやる気を育てましょう。

資料①

❶ダダクマ会議とは、何でしょうか？

ダダクマ会議とは、自分たちの問題を解決する時間です。

・ダダクマ会議は、自分たちを成長させるもの
・みんなが楽しく、最高の学校生活を送るためのもの

「ダダクマ会議」では、
司会をする人、意見を発表する人、黒板に書く人・・・、
みんな自分たちです。そう、自分たちで進めていきます。

【ダダクマ会議で話合い、実践できることの例】

・学級の目標を決める
・学級、学校生活での問題について話し合う
・お楽しみ会などの遊ぶ内容について決める　など

❷ダダクマ会議のメンバーとは、何でしょうか。

ア．構成メンバー（議長団）

司会、副司会、黒板書記、ノート記録、
掲示用書記、フォロワー

イ．役割

	役割	仕事内容と意義
議長団	司会 （1名）	話合いの進行役。議題をめあてにそって進行させます。決められた時間内に終了させてることも重要です。 会議のリーダーとなる大切な役割です。
	副司会 （1名）	司会の補助役。発言者のチェックやタイムキーパーの役割があります。リーダーを影で支える重要な役割です。ぜひ、2人で協力して成功させましょう。
	黒板書記 （2名）	発言を的確に、かつ短くまとめて黒板に書きます。会議をスムーズに進むための大きなカギをにぎる役割です。ぜひ、2人で協力して成功させましょう。
	ノート記録 （1名）	話合いの経緯をノートに記録します。ダダクマ会議の最後に決まったことを発表します。学びの足跡をしっかりと残す唯一の役割です。
	掲示用書記 （1名）	掲示用のプリントに記入し、掲示します。この掲示物を見て、繰り返し振り返ることで、学級がより成長します。そのため、欠かすことができないものです。
	フォロワー	議長団以外の人たちです。フォロワーとは支える人という意味です。円滑で充実した会議を行うのはフォロワーです。

●どの役割が欠けても会議は成功しません。ぜひ、思いやりや役割を尊重して成功させましょう。

ダダクマ会議のオリエンテーション③

0-3 フォロワーの意義を伝える

フォロワーシップ

　学級会でも、どの話合いでもそうですが、司会の人たちが懸命に進行をするが、「それ以外の人（フォロワー）が話を聞かない」というようなことがあります。これでは、会議は成功しません。これは多くの場合、話し合うということとへの理解がないことにあります。

　では、どのようにすればよいのでしょうか。

心理キーワード

フォロワーシップ

　フォロワーシップとは、フォロワー（リーダー、副リーダー以外の人）が、リーダーなどの中心人物への支援や貢献を受け身ではなく、能動的に行動することです。ダダクマ会議において、まずは、フォロワーが会議を成功させるカギであることを伝えます。

実 践 の 記 録

STEP 1 → フォロワーの意義を伝えます。

　ダダクマ会議でもなんでもそうですが、議長団だけが重要なのではありません。

　会議の円滑な進行や充実した内容を支えるのは実はフォロワーなのです。そのことを教師がしっかりと語る必要があります。

　資料①のフォロワーの部分（フォロワーとは支える人という意味。円滑で充実した活動を実際に行うのはフォロワーです）を読み上げます。そして次のように伝えます。

フレーズ

　「ダダクマ会議を支えるのは、議長団ではなく、フォロワーのみなさんなのです。よく自分が議長団ではないので、他人事のように会議に参加する人がいます。議長団は話合いを進めるのが役割です。せっかく進めても反応がなかったり、聞いていなかったりしたら円滑に進みますか？」

　と丁寧に問いかけます。

　さらに、次のように語ります。

フレーズ

　「指示通りに進まなかったり、意見がなかったりすれば会議は進みません。議長団は６名しかいません。他の人は３０名もいます。その３０名が力を与えてはじめて会議が成功します。ぜひ、『思いやり』と『協力』、そして『会議の中心はフォロワーなんだ』という意識をもってください。」

　子どもたちにとって、話合いは司会が重要だという認識をもっています。しかし、実はそうではなく、フォロワー一人ひとりが大切であることを伝えてあげます。【フォロワーシップ】

→ 具体的な姿勢を伝えます。

STEP 1 → のように語ったとしても、実際に「どのように会議に望めばよいか」は子ども達に伝わりづらいです。

そのため、具体的に示す必要があります。そのための資料②が右にあります。

最も大切なことは「聞く」ということです。「相手をみて、聞く」ということに尽きます。

また話すときは、「ハイといって返事」をして、立って「ハキハキとした声で発言する」ように伝えます。

これは、学級の学習規律と同じです。会議を通してさらに徹底して指導し、さらに発揮する場面と捉えましょう。

POINT

- 実践している場面でしっかりと指導します。

　このようにオリエンテーションで伝えても、フォロワーが騒がしいことがあります。そうした場合はすかさず指導します。そうすることで、子どもたちは身をもって理解することができます。

　このような働きかけの結果、話合いに協力しようというつながり意識が芽生えます。支える人たちがとても大切な役割があることを理解します。

このような「聞くこと」や「話す」という約束はあらゆる場面で活きてきます。たとえば、学芸会の練習で、リーダーが話せば、協力して聞こうとします。

ダダクマ会議ではそうした望ましい姿を育てるまさにかっこうの機会なのです。

まとめ

ダダクマ会議を支えるのは、フォロワーだということを伝え、協力する重要性を伝えましょう。

資料②

③話す・聞くの約束

聞く 〜相手を見て、聞こう。

- ○最後まで、集中して聞こう。
- ○反応しながら、聞こう。
 （うなづき、あいづち）
- ○自分の考えと比べながら、
 聞こう。
- ○話し手の伝えたいことを
 考えながら聞こう。

話す〜「ハイ」と返事。立って発表。

- ○はじめに、次に、最後に〜
- ○なぜなら〜、〜なので〜です。
- ○〜だと思います。そのわけは〜
- ○〜のところがよいと思います。
- ○これから〜について話します。

0-4

司会進行表を全員で確認する

先行オーガナイザー

「話型は行いながら指導する」（p134～135）にあるように指導は基本的に話合い活動をしながら行います。しかし、大枠を与えることが必要です。全体像を与えずして、細部の指導を行っても子どもたちは見通しがもてず、理解することができません。そこで、実際に使用する司会進行表をもとに、全体の流れについて説明します。

心理キーワード

先行オーガナイザー

　先行オーガナイザーとは子どもがこれから理解する全体像のことです。全体像をあらかじめ子どもが把握していれば、それを手がかりに、するべきことを理解します。

　ここでは、ダダクマ会議の全体像をあらかじめ伝えます。その全体像を伝えることで、ダダクマ会議によって学ぶべきことを効果的に理解することができます。したがって、司会進行表をもとに、ダダクマ会議を教えることが大切になります。

実践の記録

STEP 1 → 補足しながら、文章をそのまま読みます。

　まずは、どのような流れであるか、さらに司会がどのように言うのかを司会進行表の文章を読みます。
　その中の、（　　）には、そのときによって議題などの4項目を補いながら埋めることを伝えます。

STEP 2 → 読みながら、ダダクマ会議の意味を伝えます。

ダダクマ会議の「ダダクマ」という意味を伝えます。
プリントには以下のようにあります。

○話し合うこと①
　（1）意見の出し合い・・・・「（ダ）出し合う」
○話し合うこと②
　（1）意見の出し合い・・・・「（ダ）出し合う」
　（2）賛成・反対で比べる・・「（ク）比べ合う」
　（3）決定・・・・・・・・・「（マ）まとめる」

　たとえば以下のように簡単に伝えます。
　（ダ）出し合うでは、話し合うこと①の段階で、**意見を出し合うこと**を言います。
　（ダ）出し合うでは、話し合うこと①で出された内容について**さらに意見を出します**。
　（ク）比べ合うでは、「（ダ）出し合」った内容について**賛成と反対を言い合います**。
　「（マ）まとめる」では、「（ク）比べ合」ったことを決めることです。
　このように簡単に説明します。詳しく述べると逆に混乱します。実際に行いながら、理解していくという形にします。

- 追い読みをさせながら、書かれていることを読む。
  文章を上から順番に読んでいきます。
  たとえば、「第〇回ダダクマ会議。」
  と読んだら、子どもたちは一言一句同じく読みます。
  このようにすることで、学級の全員が参加することになります。
  さらに、全員が声をだし、セリフを言うので練習になります。

STEP 3 → ダダクマ会議をする上で注意することを説明します。

台本の下にある「ダダクマ会議をする上での注意」を読みます。

　このように、音読させることで、子ども達の頭の中に話合いの枠が形成されます。
　一度形成された全体像をもとに、実行することで理解がより効果的に進みます。【先行オーガナイザー】

ま と め

　追い読みをしながら、台本を練習しましょう。

資料③

第 <　　> 回		ダダクマ会議　司会進行表	

議題	

展開		内　　　容	進行の言葉
は じ め	1．	はじめの言葉	これから、第（　　　　　）回　ダダクマ会議を始めます。
	2．	議題の確認	議題の確認をします。今日の議題は「　　　　　　　　　　　　　　　」です。
	3．	提案理由・めあての確認	提案理由は、
			提案理由：
			めあては、
			めあて：
			です。
	4．	話し合うことの確認	それでは話し合いに入ります。　話し合うことは、
			①
			②
			です。
な か	5．	話し合うこと①	まず、①（　　　　　　　　　　　　　　　　）について考えましょう。
	（1）	意見の出し合い	時間は3分間です。それでは、考えましょう。
		（ダ）出し合う	それでは、意見のある人は手をあげてください。
	6．	話し合うこと②	次に、②（　　　　　　　　　　　　　　　　）について考えましょう。
	（1）	意見の出し合い	時間は3分間です。それでは、考えましょう。
		（ダ）出し合う	それでは、意見のある人は手をあげてください。
	（2）	賛成・反対で比べる	・賛成、反対の意見を発表してください。
		（ク）比べ合う	・●●と■■に賛成意見が多いですが、この中で決めてもいいですか？
	（3）	決定	・反対の人はいますか？
		（マ）まとめる	・では、（　　　　　　　　　　　　　　　　）に決めてもよいですか。
お わ り	7．	決まったことの確認	決まったことをノート記録の（　　　　　　　　　　）さん、お願いします。
	8．	先生の話	先生の話です。お願いします。
	9．	終わりの言葉	これで、第（　　　　　）回、ダダクマ会議を終わります。

ダダクマ会議をする上での注意
※授業の開始前にホワイトボードに「議題」「提案理由」「めあて」「話し合うこと①」「話し合うこと②」「時計①」「時計②」を掲示しましょう。

ダダクマ会議のオリエンテーション⑤

0-5 用意するものを明確に伝える

ラップス

　会議を円滑にするためには、事前の環境設定がとても大切です。

　しかし、子どもたちは何をどのように準備したらよいか具体的にわかりません。わからない状態では、円滑な準備はできません。結果的に、話し合う時間がなくなり、充実した会議にはなりません。

心理キーワード

ラップス

　ラップスとは、行動を忘れてしまうことを言います。

　人は、行わなくてはいけないと思いつつも、忘れてしまうものです。そうした児童理解のもと何事も実践することが大切です。そして、そうした忘れてしまうことを防ぐためにチェックリストを作成します。

実 践 の 記 録

> プリントに予め必要なものを記載しておきます。

　下記のような資料を教室に掲示します。さらに、「黒板の見本」という形で会議ボックスに入れておきます。議長団は見ながら準備することができます。いざ、会議をする際に子どもは自分たちで準備するようになります。

資料④

❹議長団が用意するもの

□ホワイトボード(議題)
□ホワイトボード(めあて)
□ホワイトボード(話すこと①)
□ホワイトボード(話すこと②)
□司会ファイル
□記録ファイル
□掲示用の用紙
□タイマー

□時計マグネット
□賛成反対マグネット
□出し合う（2つ）、比べ合う、
　まとめる　マグネット
□星マグネット
□今ココマグネット
□議長団首かけ

ま と め

必要なものをどのように準備すればよいかを提示しましょう。

0-6

話型の指導は実践しながら行う

モデリング理論

「2-6　ダダクマ会議の構成メンバー⑥フォロワー」（p 96 ～ 99）のように話型を紹介しました。

しかし、初日に説明すれば、あまりにも情報が多すぎます。説明するだけで、1時間はかかってしまいます。また、なんだか難しい印象を与えてしまいます。ダダクマ会議は、大変シンプルな話合いです。子ども達に難しそうという印象を与えたくありません。

では、どのように指導すればよいのでしょうか。

心理キーワード

モデリング理論（社会的学習理論）

モデリング理論（社会的学理論）とは、人は自身の体験だけでなく、他者の行動を観察・模倣すること（＝モデリング）によっても学習するとした理論です。

教師による話合いの仕方を「見て、真似ること」で、子ども達は話合いの仕方をたくさん学ぶことができます。特に、教師が話合いに「介入し、子どもが真似をすること」で徐々に話し合いの力をつけることができます。

そういうことか

実 践 の 記 録

STEP 1 → 話型を意識せず、まずは話し合ってみる

　まずは話し合ってみます。話型ありきで話合いをしてしまっては、子ども達は萎縮します。話型を正しく使わなくてはいけないというふうに思ってしまうからです。話合いは、活発に議論することが大事です。話し方がわからない子がいれば、話型を教え、自信をもって話すように支援します。その点を意識して、指導することがとても大切になります。

STEP 2 → 話合いを行いながら、一つひとつ指導する

　一つひとつ小出しにして指導します。

・あまり固執せず、しつこく指導する必要はありません
　発言できたことは、ほめながら「立場を明確にしたほうが他の人が聞きやすいですね。」などと改善点を付け加えながら指導することが大切です。さらに、教師がそのまま「私は○○に賛成です。」と言ったら、司会の子にそのまま復唱させます。【モデリング理論】
　話合いが活発に行われている、みんなが理解していると判断できている場合は話型については後で指導してもよいでしょう。

STEP 3 → 話合いに慣れてきたら、指導する話型も増やす

　話合いに慣れてきて、多くの子が発言するようになってきたら、話型の指導に力を入れていきます。話型を多くの子が使いこなせるようになると、多くの子が参加するようになります。話型によって理解度が上がるからです。
　教師が手本となり指導することで、話型を使いこなせる学級にしていきましょう。この話型は将来で使える生きたスキルです。

ま と め

教師自身が文脈に応じて発話し、見本を見せましょう。

ダダクマ会議

1

ダダクマ会議の実践例①

最高の学級目標をつくろう

初頭効果

　年度初め、多くの学校で学級目標を決めているかと思います。しかし、時には、教師側で決めてしまったり、そもそも、子ども達と考える時間を取らなかったりする学級もあるかと思います。

　学級目標は、集団規範を形成するために大変重要なものです。1年間、どのように行動すべきなのかなど、多くの指針となります。そこで、ダダクマ会議を使って決めていきます。そして、なによりダダクマ会議の導入にとても適しています。

心理キーワード

初頭効果

　初頭効果とは最初の印象が相手にとって強く残るという心理効果のことです。学級を開く段階で学級目標を決めることで、よりよいスタートを切れるようにすることをねらいとします。

実 践 の 記 録

学年　3年生
実施時期　4月初旬～中旬

本時前 システム❶ 　　**子どもの様子の分析**

> 教師は〈分析の視点〉とあたたかいまなざしをもつ。

　新年度が始まりました。子ども達の多くは、新しい学年に気持ちを弾ませています。あちらこちらには意気揚々とはりきっている姿があります。そこで、教師は〈分析の視点〉をもって、日々を過ごすことが大切です。しかし、一方でどのような学級にしていきたいか、あたたかいまなざしで子ども達を見つめます。

POINT

- 早い段階で学級目標を決める機会を設ける
　他の実践では、1、2ヶ月程度様子をみて学級目標を決めるものがあります。しかし、学級目標とは、1年後の学級の姿です。あるべき理想像です。少し背伸びした高い目標を考えるほうが、学級が生き生きとなります。時間が経ってしまっては、子ども達は現実を見るようになります。現実的な目標はあくまで今を見ていると言えます。そのため、魅力の少ない学級目標になりがちです。もちろん学級の実態によっては効果的であるかもしれません。しかし、なるべく早く行うことで子ども達の印象に強く残ります。【初頭効果】
- 課題が見えなくてもよい
　一方で課題が見えない場合もあります。しかし、それでもよいのです。とにかく、子ども達とどのような学級にしていきたいか、理想の学級を描きましょう。

システム❷　4項目の記入

─4項目─

議題：学級目標について
提案理由：同じ方向を向いて成長するため。
めあて：一人一回は発言する。
話し合うこと：どんな学級にしたいか。

　学級目標を決めるのは年度初めです。子ども達はどのように会議をしたらよいかわかりません。そこで、ルーレットをもとにメンバーを休み時間に呼びます。早速、話合いを行うように伝えます。このとき、話合いに慣れていない学級の場合、「どのように行ってよいのかわからない。」と大変困惑します。

　しかし、オリエンテーションである程度、説明はしています。さらに、教師に頼ってよいという旨も伝えています。まずは、行いながら教えることを大切にします。

　授業の開始をする前まで、提案理由は空欄でした。なぜなら、学級目標をなぜ話し合わなくてはいけないか、ほとんどの学級では理解されていないからです。本来は子どもたち自ら「学級目標を決めませんか。」と教師に訴えかける姿が望ましいものです。しかし、そうしたことは、ほとんどの学級では起こりません。では、なぜ子ども達は学級目標を自ら決めないのでしょうか。それは、学級目標の意義を理解していないことがあげられます。したがって、「教師の語り」の段階で「なぜ話し合うのか」という問いかけをすることが大切です。そうした問いかけを通して学級目標の意義について考えることができます。

POINT

　　また授業が始まったら、まずは、「教師の語り」をいれます。「システム1の子どもの様子の分析」の段階で、男女の仲や掃除での協力ができていないなどの課題が見つかりました。しかし、学年が始まって課題について話し合うことは避けたいです。それよりも、学級として1年後どのような姿になりたいかを話し合うように意欲づけます。

本時 システム❸　教師の語り　パターンC

STEP 1 → 学級目標をそもそも決めるか「選択」させる。

▶ フレーズ ◀

「学級目標を決めようと思いますが、決めますか？決めませんか？」

まず、「学級目標を決めますか」と問いかけます。多くの子どもは、「決めます」と言います。おそらく、どの学級も学級目標を決めてきたからです。目標を定める大切さは知っています。

しかし、「なぜ、決めるのですか。」と聞いてみると、子ども達はほとんど答えることができません。学級目標を定めることは知っていますが、その意義は知らないのです。

STEP 2 → 学級目標の「意義」を語る。

そこで、学級がどのようなものか、そして、目標を立てる意義について話し合います。

▶ フレーズ ◀

「学級はそれぞれの考えをもった人の集まりです。バラバラの考えで大きな力は発揮されません。心を一つにして力を合わせることで、大きなことを成し遂げることができます。」

としっかり語ります。このように学級目標の意義について知ることで「学級目標は決めなくてはならない」としっかり理解することができます。そして、提案理由の空欄の中に「同じ方向を向いて成長するため」と記入するように議長団に伝えます。

STEP 3 → 話し合うように意欲づける。

そして、心の準備ができた段階で、「話合いましょう。」と働きかけます。意義も語らず「はい、学級目標を決めましょう。」と言っても子ども達の話し合う意欲は少ないです。

まず、実施するかを選択させ、意義を語ることで、話し合おうと意欲づけられます。

システム❹　ダダクマ会議の実践

　本事例では、「ダ→ダ→ク→マ」という基本過程をとっていません。「ダ」（現状を出し合う）という過程がありません。

　「ダ→ク→マ」という過程をとっています。ダダクマ会議の導入期において、まずは、「ダ」（出し合う）こと、そして「ク」（比べ合う）、「マ」（まとめる）という過程を理解させる必要があります。

　無理に分析的に現状を聞くのではなく、今回は、出し合うという行為に焦点化させます。とにかく現実的なものでなく、希望に満ちた学級像を出し合ってもよいのです。

STEP 1　「ダ」（目標を出し合う）

　どのような学級にしたいかを出し合います。

　私の学級では以下のような意見が出ました。

- 自分で行動する学級
- お手本になる学級
- 賢くなる学級
- 思いやりがある学級

　この際、主張と理由をセットで話すように指導することが多いです。この段階では、議論するわけではなく、出し合うだけです。そのときに、意見を述べる基本の話型を理解させます。

> 自分の意見を言う場合は、
> 「私は、〇〇だと思います。理由は、〇〇だからです。」

　こうした基本の話型を指導することで今後の話合いでも生かされます。

POINT

- 国語の授業で指導するとよりよい

　国語の授業では、討論や話合いで学習を行います。その際に、意見と理由をセットで発表する話型を指導すると大変円滑に指導できます。

STEP 2 「ク」（目標を比べ合う）

　「比べ合う」の段階では、賛成反対意見を話合います。本実践では、賛成反対マグネットを使用していません。3学年ということもあり、意見を出し合うことに時間がかかりました。特に、黒板書記が黒板に書くことに時間がかかりました。その際には、黒板書記が書くまで待つようにします。2名で書くので、数分あれば、間に合います。

　そして、マグネットをつけるのではなく、全員に賛成反対の意見を言わせました。本事例のめあてに「一人一回発言する」とあります。

　本来は、自然と一人一回発言したいところでしたが、今回は、教師の働きかけによって全員発表をすることをしました。マグネットを貼ると、枚数が足りなかったり、時間がかかったりします。そこで、意見を発表することに集中させました。

留 意 点

・**柔軟に行うことが大切です。**

　必ず、アイテムを使用しなくてはならないというわけではありません。その学年や実態に応じて柔軟に変更することが大切です。

STEP 3 「マ」（目標をまとめる）

　本事例ではまとめる段階で多数決を行いました。しっかりと意見を聞いたうえであれば、構いません。しっかりと意見を交わしたうえで、どれにするのかを思考することが大切です。多数決によって以下の3点に決まりました。

- 自分たちで行動するクラス
- 思いやりのあるクラス
- ムダがないクラス

POINT

　どの学級目標にするかまとめます。まずは3つ選ぶようにします。優先順位を考えることでどれがよいのか考えたり選択したりすることができます。

システム❺　　　フィードバック

　子ども達の行動が学級目標に沿っているかを見ていきます。

　しかし、学級目標は、1年後の姿です。その他のフィードバックと異なり、急いではいけません。学級目標は今後の話合いの指標になります。そのことを十分に踏まえ、折に触れて振り返りましょう。

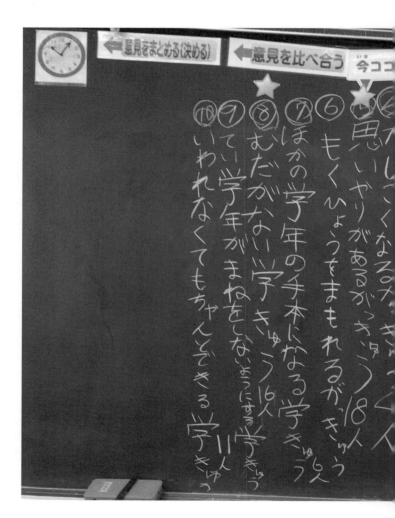

まとめ

　全員が納得する学級目標をつくっていきましょう！　運動会の目標、遠足の目標、宿泊学習の目標など、目標を立てるうえで応用がいくらでもききます。

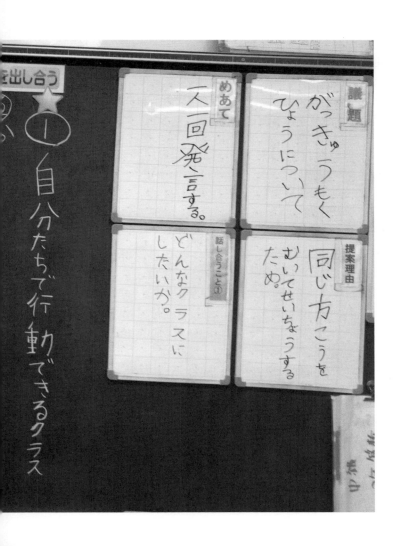

2

掃除などの活動を改善する

自己決定論

　新学期が始まって、1ヶ月が立ちました。ゴールデンウィーク明けの学級では、掃除に真剣さが足りないこともあります。

　掃除の仕方が概ねわかっていても、学級に緩みが生じてくる時期であることが原因の一つです。

　しかし、教師から一方的な指導は避けたいところです。自分たちで、振り返り、自分たちで課題を解決するよう促したいです。そこで、ダダクマ会議を実践します。

心理キーワード

自己決定論

　自己決定論とは、自分が決めた程度（自己決定）が大きいほど、動機づけが大きくなるという理論です。

　ダダクマ会議によって、自ら自己決定することで、行動を大きく変えることをねらいとします。

がんばろう！！

↑

自己決定

実 践 の 記 録

学年：3年生
時期：5月初旬

システム❶　子どもの様子の分析
（本時前）

> 自由度の高い活動に注目する。

　掃除の時間は、自由度の高い時間の中で、共に力を合わせ、自ら考える創造的な活動であると捉えることができます。手が空いてしまう人がいる一方で、掃除できる場所は限りなくあります。掃除とは、言われなくても主体的に使用箇所をきれいにする活動であり、毎日のように心を育てる活動であります。

　時には、サボることも、喧嘩することもたびたびあります。毎日のように行われる掃除の時間にトラブルがある学級にはしたくありません。トラブルを超えて、より成長する学級へと変わっていくことが望ましいです。

　本事例では、掃除の活動におしゃべりをしたり、誰々が掃除をしてくれないと文句を言ったりしている場面が見られました。他者と協力して活動しているとは言えませんでした。

POINT

- 積極的にその都度指導していく。

　　分析するのはじっと様子を見るわけではありません。積極的に指導していきます。話合いでは、基本的に子ども達から引き出すという行為を行いますが、なかなか気がつかないこともあります。その際は掃除の時間に教師が指導し、よくない点をその場で指摘します。そうすることでよくない（課題）に気がつくことができます。その気づきがあることで子ども達は発言できるようになります。つまり子どもたちに話し合わせるからいいやと思わず、積極的に介入する必要があります。

145

システム❷　4項目の記入

> —4項目—
>
> 議題：掃除について
> 提案理由：お手本となる三年生になるため。
> めあて：一人一回は発言する。
> 話し合うこと①：現状
> 話し合うこと②：どうするか

　授業が始まるまでに、ルーレットにある議長団を呼び、ホワイトボードに記入させます。書くことは4項目です。「議題、提案理由、めあて、話すこと①②」です。ただ、書かせるのではなく、子ども達（議長団）と以下のようにやり取りしながら書いていきます。

▶ フレーズ ▶

　「議題はズバリ掃除についてです。掃除のあり方について話合います。さて、提案理由はなんでしょう。」

　なかなか意見が出てきません。なぜ、掃除をしなくてはいけないのかを理解していないからです。

　また、議長団とはいえ、無作為に選出したグループです。学級に対して、意識が高いグループではなく、ただ偶然集められた6人です。

　しかし、そうした、無作為に集まったグループだからこそ考えさせる意味があります。意識が高くない、または、気づけないグループに考えさせることで、より学級の意識の底上げを図ることができると考えます。

POINT

- 教師が率先して書いてもよい
  　子どもの様子や状況によっては教師が書き示すことも大切です。
- 全体で提案理由について考えさせてもよい。
  　全体で考えさせることで一斉に「提案理由を考えること」を指導できます。

本時　システム❸　　教師の語り　パターンＡ

STEP 1 → 振り返らせる。

ダダクマ会議に入る前に、教師は次のように言います。

フレーズ

「掃除を思い出してください。みなさんの様子は、何点ですか？」

このように掃除の時間の様子を振り返るようにします。

100 点の人？と聞けばほとんどの場合手を上げません。そして、多くの子が「60 点、70 点」に手を挙げます。このように数値化して振り返ることで具体的にイメージすることができます。

STEP 2 → 具体的な問題点をあげる。

フレーズ

「はっきり言って、満点ではありません。無駄なおしゃべりをしている人、または、ふらふらと関係のないことをしている人がいます。」

このように、話合いに入る前に、現状の一端を教師が告げてあげます。そうすることで、話合いの必然性に気がつかない子も気がつくことができます。

STEP 3 → 話し合うように意欲づける。

フレーズ

「では、どうしますか？自分たちで振り返りますか？」
「それとも、先生の方から言いますか？」

このように話し合うか選択をさせます。そうすることで、子ども達の行動の動機づけを行います。

ほとんどの子は、自ら話し合いたいと言います。子ども達の中には自分で決めたいという自己決定意欲というものがあります。そうした児童心理を理解・把握し、引き出すことが大切になります。

システム❹ 　ダダクマ会議の実践

本時

　学級目標について会議した実践では、「ダ→ク→マ」という過程でした。本事例は、「ダ→ダ→ク→マ」という過程を踏まえ実践しています。掃除の様子における課題を見つけ、解決する本実践の基本過程にそって行います。

STEP 1 「ダ」（現状を出し合う）話し合うこと①

　「げんじょう」という意味がわからない子が多くいることが想定されます。低学年などは、現状と言われても何のことか理解できません。したがって、教師が説明する必要があります。

フレーズ

「現状とは、掃除のときのみなさんの様子のことです。たとえば、協力して掃除をしている。または、しゃべりながら掃除しているなどです。」

　このように様子を出し合う場面であることを説明します。

　このような説明の結果、掃除の仕方についての意見を出し合います。たとえば、

- • 必要のないことをしゃべっている
- • 机の上げ下げが遅い

などです。

　今回は課題が多く、よい点がほとんど見いだされていませんでした。一部「ぞうきんがけがうまくいっている」とありました。しかし、その後は直したい点を出し合いました。

POINT

- • ナンバリングを行います。
  話合いで出た意見はしっかり番号を振っていきます。
  このように課題点を浮き彫りにすることで自分たちの掃除の様子を客観的に捉え直すことができるようになっていきます。

STEP 2　「ダ」（解決策を出し合う）話し合うこと②

　発言の長い子がいる場合があります。これでは、何を言っているのか全員に伝わりづらいです。しかし、短く言いなさいといっても伝わりません。そこで、

フレーズ

「原稿用紙の一行分（20文字）ぐらい短く言います。」

　と伝えます。このとき、「ぐらい」と幅をもたせます。発言することに抵抗を抱かれても困ります。このように数字を具体的に示すことで理解できます。さらに、短く発言できている子を取り上げ、お手本にするように促します。

　「出し合う→出し合う→比べ合う→まとめる」という貼り物があることで、より話合いは円滑に進みます。ただ、話合いに慣れれば、掲示しなくてもよいです。あくまで、子ども達自身で話合いを求める形にすることがとても大切になります。

STEP 3　「ク」（解決策を比べ合う）

　比較検討をすることで理解が進みます。たしかに、出てきた解決策がありきたりなものかもしれません。しかし、子ども達が決めたことを尊重します。先に紹介したマグネットを使用し、賛成意見を募っています。私の今回の実践では、反対意見のマグネットがありませんでした。ダダクマ会議では、このように反対意見がでないことがあります。よりよい意見は何か、その理由を述べながら意見を出し合うことに意味があります。

STEP 4　「マ」（解決策をまとめる）

　まとめる（決める）方法はいくらかありますが、今回は賛成の多いものが決まっています。なお、賛成の数が同じ、または僅差の場合は多数決などで決めます。そして司会が、「これで決めてもよいですか？」としっかりと確認をとることで、理解を促します。

ダダクマ会議によって、話合いが行われ、合意形成されます。しかし、教師の心持ちとしては、ほとんど守られないと思っていましょう。もし次の日にも改善されていない場合があれば、「あの話し合った1時間はなんだったのですか。」と気づくように促します。そしてみんなで決めたことを守っている人がいることを伝えつつ改善させましょう。教師の一方的な指導では、反発があります。

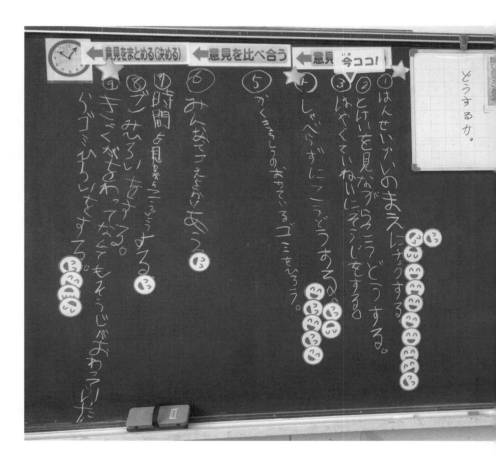

しかし、自分たちで決めたことに対して、それを他の人が守っていることを通して、自己調整させるという観点を大切にして指導にあたりましょう。

ま と め

子ども達は、掃除の姿はこのままでよいと思っています。しかし、話し合うことで、よくないという意識を育むことができます。つまり、客観的な視点で自分たちを捉えることができるようになります。

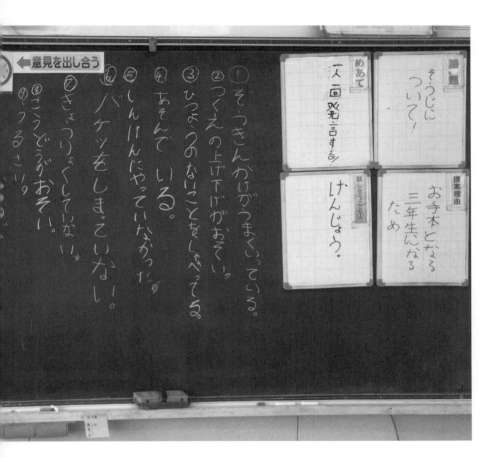

3 ダダクマ会議の実践例③
運動会行事の練習で自分たちの行動を考えさせる

社会化

　運動会という練習や本番を通して、子どもたちに集団でまとまることの大切さと、実行する難しさ、そして、力を合わせて何かを成し遂げる喜びを体感させることが大切です。なかなか子ども達が思うように行動してくれなくても、過度な叱責や、教師の一方的な指導はしたくはありません。子ども達に自分たちの行動を考えることを学ばせたいものです。では、どうすればよいのでしょうか。

心理キーワード

社会化

　社会化とは、子どもが社会の規範などを習得することです。その際には、社会の一員であるという視点で物事を考えさせるように働きかけることが大切です。

　したがって、「他の人からどのように見えるのか」という問いかけなどを行い、成長を促します。

実 践 の 記 録

学年：5年生
時期：6月中旬

本時前 **システム❶**　　子どもの様子の分析

> 望ましい集団行動であるか、また規律ある行動をとっているかを見取る。

『小学校学習指導要領解説　特別活動編』にて運動会などの体育的行事の目標の中に次のような記述があります。

> 体育的な集団活動の意義を理解し、規律ある集団行動の仕方などを身に付けるようにする。

つまり、集団としてまとまりのある行動やしっかりと話を聞くという基本的な学習規律などを身につけることが大切であることがわかります。

ところが、本事例では担当してくださる先生の指示を聞かなかったり、お互いに協力していなかったりする場面が多く見られました。

POINT

- できないのが当たり前であると考える。

　まず、教師自身が『ねらい』や『目標』に到達できなくても当たり前であると考えましょう。

　学校行事では、日常生活とは異なる経験をさせることが主であります。したがって、いつもと異なる活動を行わせ、課題や至らない部分などを明確にさせ、大きく成長させることが大切です。

留 意 点

- 心身の健全な発達や健康というねらいもある。

　もちろん他にも、体育の学習を総合的に発展させる場であることは記載されています。その点も十分に留意して様子を見ることが大切です。

システム❷　　4項目の記入

> ―4項目―
>
> 議題：運動会の姿勢について
> 提案理由：先生方の信頼を取り戻すため。
> めあて：一人ひとりが同じ方向を向き、しっかりとした話合いをする。
> 話し合うこと①：現状（練習での姿勢について）
> 話し合うこと②：解決策

　会議の前の空いている時間に議長団を呼びます。そして次のように議長団に問いかけます。

フレーズ

「今の練習の態度はよかったですか？」返答に困っているようであれば、

フレーズ

「運動会のよさこいの取り組みについて、課題はありましたか？」

　と少し場面を限定して問いかけます。議長団からは、聞く姿勢、取り組む姿勢が悪かったということがでました。このように、なかなか答えが得られないときは、話し合うテーマを絞ることで子ども達は思考します。したがって、議題は、運動会での姿勢についてにしました。議長団を集め、以下のように書くよう指示します。

POINT

　各行事には、かならず「ねらい」があります。そこで、「学校運営計画（いわゆる「○○小の教育」）」を活用します。「学校運営計画」には各行事のねらいが記載されています。各行事のはじめの段階で教師が簡単な言葉で子ども達に伝えます。そうすることで、いざ、指導したとき、子ども達に各行事の意義やねらいが伝わりやすいです。そして、
　子どもたちが「あ！そうだった。」と納得できる形になります。

本時 システム❸　教師の語り　パターンA

STEP 1 → 振り返えさせる。

▶フレーズ◀

「みなさんは、先ほどの練習態度や姿勢はどうでしたか。ＡＢＣで自己評価してみましょう。これは、自分ではなく、学級全体としての評価です。」

この場合、ほとんどの子は「Ｂ」または「Ｃ」とします。もちろん「Ａ」の子がいてもよいです。それはそれで認めてあげます。そして低い評価をする子に聞いてみます。おそらくいくつかの問題点を述べるでしょう。

STEP 2 → 具体的な問題点をあげる。

そして教師から、次のように具体的に述べます。

▶フレーズ◀

「聞く姿勢が悪かった。また、お互い声を掛け合うことなく、指示を聞いていなかった。」

このように改めて思い出させ、実際にどうであったかを語ることで話し合いの方向性を示してあげます。

STEP 3 → 話し合うように意欲づける

▶フレーズ◀

「自分たちで課題を出し合い解決するか。今ここで先生が、すべていって教えてもらうか。どちらにしますか。」

このような問いかけによって、自ら解決したいという意欲を引き出したいです。そして他人と協力したり、規律をしっかり守ったりすることの重要性を語り、話し合いの意欲を高めます。

システム❹　ダダクマの実践

STEP 1 「ダ」（現状を出し合う）話し合うこと①

　「無駄話をしている」「しゃべっていて集中していない」など18個もの課題点があげられました。教師が見ているよりも遥かに子ども達の方がとてもよく見ています。鋭い意見が多数でてきます。このように、教師が押し付けることなく、子ども達から引き出すことで、より多くの、そして実感のこもった意見が出てきます。

　裏を返せば、一部の子にとってこれはよくないと思っていたということです。それを表出させることに大きな意味があります。言いたくてもなかなか言う機会はありません。そして、その不満は積もり積もって学級に悪影響を及ぼします。

　適切なことをしたいと願っている子は学級にたくさんいます。そうした子たちの声を拾い、学級を変える原動力にすることができます。

STEP 2 「ダ」（解決策を出し合う）話し合うこと②

　解決策が21個とたくさんの意見が出てきました。このようにたくさんの意見が出るためには、さまざまな教科で発言する耐性をつける必要もあります。たとえば、「指名なし音読」や「指名なし発表」、「討論の授業」、「音読練習」などが挙げられます。さらに、「ハッピーレター」や「褒め言葉のシャワー」などの実践を多く取り入れ、どの子も意見が出るような雰囲気づくりをするとよいです。

STEP 3 「ク」（解決策を比べ合う）

　「感謝の態度や行動で示す」という意見が出ました。ここで注目すべきことは「感謝の気持ちをもつ」などの意見があることです。ダダクマ会議は解決策を考えますが、具体的なものを願ってはいません。

　こういった「意識」もとても大切です。

　ダダクマ会議を通して、どの場面でも、繰り返しそのような意識をもつよう

働きかけることで、行動の変容を図ります。

STEP
4
「マ」（解決策をまとめる）

　賛成反対の意見を議論し合い、以下の3点に決まりました。

• 「最後まで全力でやる」
• 「感謝を態度や行動で表す」
• 「みんなが同じ気持ちで行動する」

POINT

• 姿勢という言葉を使う。

　練習に限らず、どの場面においても姿勢とはとても大切です。心を一つにするや、聞く人の方を見て話すなど、姿勢という行為は全体の行動に大きな効果をもたらします。

• 限定したことについて話し合う。

　運動会は、全校競技、表現種目、集合、整列などがあります。すべてをまとめて会議するのではなく、競技を絞ってもよいでしょう。限定して話すことで子ども達も、どのことを言っているのか理解できます。あれもこれもと欲張ることで焦点ボケした指導にならずに済みます。どの子にも納得感のある指導を心がけましょう。

　このように自らの経験を通して、「よりよい姿勢とは何か」を考えました。ダダクマ会議によって教師が教えこむのではなく、子どもから「引き出す」ことができます。

第8回　学級会　司会 ■　副司会 ■
黒板書記 ■　■　ノート記録 ■

議題　運動会練習のしせい

めあて　1人1人が同じ方向を向き、しっかりとした話し合いをする.

提案理由　先生方の信頼を取りもどすため.

話し合うこと① 現状

①しゃべっていて集中していない.　②たいどがわるい.

③指示にしたがっていない.　④がんばろうとしていない

⑤全てが失礼.　⑥先生の話しをきいていない.

⑦しせいがわるい.　⑧協力しようとしていない.

⑨ふざけたりしている.　⑩全力でやっていない.

⑪むだ話をしている.　⑫全員が同じ方向を向いていない.

⑬ヘラヘラしている.　⑭声をかけ合っていない.

⑮アンテナをはれていない.　⑯プレス・ウルトラをたっせいできていない.

⑰行動がおそい　⑱しっかり注意している人がいる.

本時後 システム❺ フィードバック

必ず決めたことを指針に子どもの行動を見ていきます

話合いの後は見違えるように集団は変化していきます。

しかし、個人では守れない子は必ずいます。そういう子には個別に決めたことについて振り返らせ、変容を促します。とくに叱ることなく、促すだけで意識を直していきます。

教師の制圧ではなく、子ども同士の絆や規範によって変わっていきます。

ま と め

運動会練習などの行事では、必要だと思うことは躊躇せず話し合いましょう。

159

4

ダダクマ会議で
行事の振り返りを行う

自己肯定感

　運動会の総練習はおよそ午前中に行われます。午後は1時間程度の振り返りの時間があります。運動会の振り返りでは、教師自身から課題やよかった点を述べることが多いかもしれません。しかし、自らの行動を振り返り、自ら成長する姿を育みたいものです。

　本実践は、運動会の総練習の振り返りを取り上げます。子ども達は総練習に、一生懸命に取り組みます。そうした絶好のチャンスを活かし、子ども達を成長させることができます。

心理キーワード

自己肯定感

　自己肯定感とは、「自分には価値があるんだ」と子ども本人が感じることです。自己肯定感はあらゆるものの基礎的なものです。自己肯定感があることでさまざまな教育活動に意欲的に参加することができます。本実践では、運動会の様子をほめることで、子ども達の自己肯定感を育てることをねらいとします。

実 践 の 記 録

学年：6年生
時期：6月下旬

本時前 システム❶ 子どもの様子の分析

> 子どものよいところを積極的に見つける。

　本実践では、課題を見つけるものさしではなく、よい姿をみつけるものさしとして使用します。

STEP 1 → 児童名簿をもって、総練習に向かう。

　私は総練習などの行事などでは、必ずといっていいほど児童名簿を持っていきます。私の職員室や教室に児童名簿が100枚以上常備されています。教室では、ウォールポケットに入れているので、サッといつでも取れるようにしています。このようにしていると教師だけでなく、子どもも児童名簿を使って係活動をするようになります。【前著「心理テクニックを使った！戦略的な学級経営」に詳しく掲載されています。】

STEP 2 → 総練習の間に全員のよい行動をメモする。

　運動会の総練習では、多くの子ども達はがんばっています。用具係として、道具を準備したり、大きな声で応援していたりします。そのような姿をしっかりとメモします。本実践でも、たくさんの素晴らしい行動を発見することができました。

POINT

・キーワードをメモするだけでもよい
　具体的な行動だけでなく、運動会であれば「徒競走」などとキーワードをメモするだけでもよいのです。どの子が何をがんばっていたかがしっかりとわかるようにします。また、特にほめたい子に注目してメモする形でも構いません。

システム❷   4項目の記入

---4項目---

議題：本番の目標を考えよう。
提案理由：自分たちの成長を見せるため。
めあて：時間を意識する。
話し合うこと①現状（これまでの練習の様子）
話し合うこと②解決策

　総練習は１校時から４校時まで行われます。その後、給食があり、５校時に振り返ることが多いです。その５校時にダダクマ会議を計画します。

　その際に、子ども達から「ダダクマ会議を行いますか。」という声が上がるときがあります。そうした学級は大変育っているといえます。とにかく振り返る（フィードバックする）ことが日常的に行えている学級といえます。しかし、そうした姿がない場合は、運動会担当の実行委員に振り返ることを促します。

　行事には、学校全体の実行委員が組織されます。どうしても委員会のみの活動にとどまってしまいがちです。ぜひとも、教室の運営自体も任せてみたいものです。そうしたことで子ども達一人ひとりに責任感や充実感が生まれ、学級がより成長します。

　多くの場合、

　フレーズ▶「本番に向けて、振り返りますか。」

と聞けば、「やります！」と意気揚々と行ってくれます。その際に、ぜひ、実行委員の人に４項目を考えさせましょう。

POINT

・教師の語りにいつもより少し時間がかかることを伝える。
　　今回は教師の語りに少し時間を割きます。そのことをしっかりと司会に伝えておくとよいでしょう。

本時 システム❸　教師の語り　肯定感をもたせる

名簿を見ながら学級の一人ひとりのがんばりをほめていきます。

本事例の教師の語りは理論編の「教師の語り」の基本形ではなく、子ども一人ひとりをほめる形をとります。

POINT

- いきなりはじめる。

　いきなり「○○くん、立ちましょう。」と言います。周りの子はなにごとだ？　とザワザワします。そして、教師からあたたかい言葉を投げかけられることを知り安堵します。そのギャップによってとても印象づけられることでしょう。

- しっかり立たせる。

　ほめる子を立たせます。立たせることで立つまでに間があり、他の子が注目する時間を作り出すことができます。さらに、みんなの注目を浴びせることができます。

- テンポよくする

　40名もいたら、後半はだれてきます。一人5秒でよいので、ほめます。その際には、場面だけでもよいのです。

- 拍手を確実に行わせる。

　拍手は「強く・早く・相手に向けて」を意識し、他の教室に聞こえるくらい大きな声で労うことが大切です。

留 意 点

- メモは全員でなくてもよい。

　総練習にて、教師自身にも仕事が多々あり、余裕がないときがあります。したがって、メモを全員かけない場合はできる限りでもよいです。ほめる際に、「ある人は○○していました。」と個人名を伏せてほめるようにします。そうすると、同じようなことをがんばっていた子は、「僕のことかもしれない」と感じ、自己肯定感を育むことができます。

システム❹　ダダクマ会議の実践

STEP 1　「ダ」（現状を出し合う）話し合うこと①

　現状と解決策とが区別できない子がいるときがあります。たとえば、現状を出し合う場面で、「○○したほうがよい。」と解決策の意見を言う子がいます。

　しかし、ここでは、「現状」について出し合う場面です。したがって、「その意見はとてもいいですね。ただ、今は現状について出し合います。ぜひ、話し合うこと②で言ってくれませんか。」と司会者に助言させます。

　このように意見をしっかりと受け止め、現状と解決策の理解を促します。

STEP 2　「ダ」（解決策を出し合う）話し合うこと②

　意見がたくさん出された場合、黒板書記の板書が追いつかないときがあります。そのときは、待たせることが大切です。

　司会や副司会、黒板書記でもよいのですが、「待ってください。」と言わせ、待たせます。このとき、意見をいった人のメモ帳を見て書くなどしててもよいです。このように意見をただ言うのではなく、待ち、話合いを進めることが大切です。

POINT

　さまざまな授業で黒板に書くということを体験させる。
黒板に書くという行為はなかなか難しいことです。したがって、各教科で黒板を子ども達に開放し書かせるとよいでしょう。

STEP 3　ク（解決策を比べ合う）

　教師の語りで、しっかりとほめ、自己肯定感を高めたことで、よりたくさんの意見が出てきます。自らやってやろうと思うことなしに意見はでません。

　たくさんの課題点を出し、解決策を模索する原動力は、肯定感です。

　「自分達ならできる」「成長するぞ」「より向上した姿を見せるぞ」という気概のもと意見は多く出されます。

　そうした意識が学級全体に共有され、学級全体が向上していきます。

STEP 4　マ（解決策をまとめる）

　まとめる段階では以下のようなことが決まりました。

❶つらかったりしても顔に出さない

❷負けてもマイナス発言をしない。

　❶と❷の意見に共通しているのが、「〇〇しない。」という形で終わっていることです。「〇〇しない」という否定で終わるのは避けたいです。行動変容として不明瞭だからです

フレーズ

　「〇〇しないのはわかりました。それを『どうするのか』にします。しっかりとみんなで確認しましょう。」

　と語りかけます。

　否定する形ではなく、「どうするのか」という前向きな意見を引き出したいです。

　教師は、そうした際に指導するべきです。話合い自体はほとんど子ども達に任せることにします。しかし、しっかりと折に触れて、指導することが大切です。

POINT

・札がなくてもよい。

　次頁の写真の黒板には出し合うなどの札がありません。高学年になれば、ある程度話合いを行えば札がなくても話合いを行えるようになります。したがって、札を必ず用意させることはしません。たしかに、実態によっては必ず行わせることもしますが、札がなくて困ることで札の重要性を認識することは往々にしてあります。

システム❺　フィードバック

　総練習の後、本番まで数回練習があります。その都度、決めたことが守れて
いればほめてあげればよいです。

　しかし、守れていなければ、

フレーズ▶

「**話合いで決まったことはなんですか。**」と
「**決まったこと**」の言葉を繰り返してあげ、気づかせてあげましょう。

ま と め

①子ども達のがんばりを観察する

②実行委員による話合いを計画する

③子ども達をほめる

④会議によって話し合わせる

⑤その都度意識させる

以上のように子ども達のよさを引き出しながら、成長のチャンスと捉えましょう。

ダダクマ会議の実践例⑤

5 学級で続くトラブルを解決する

タックマンの成長モデル

新年度が始まり緊張感があった４月。運動会で気持ちが一つになった５月。その後の６月はどうしても気の緩みがでます。魔の６月と表現されることもあります。

子ども同士のケンカや問題が多発する時期にあります。一時的に緩むことは否定しません。しかし、学級が荒れ、子ども達の安心安全が脅かされることを看過するわけにはいきません。そんなとき、ダダクマ会議が大きな成果をもたらしてくれます。

心理キーワード

タックマンの成長モデル

タックマンの成長モデルとは、チームには、形成期、混乱期、統一旗、機能期があるというものです。

特にここで注目するのは、チームには必ず混乱期があるという

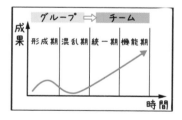

ことです。つまり、中だるみが生じるのは自然なこと。それは、さらなる成長をもたらす合図になります。是非、チャンスとして捉え、実践することがとても大切です。

実 践 の 記 録

学年：6年生
時期：7月初旬

システム❶ 　　子どもの様子の分析

> 小さな変化に気づく。

　運動会が終わり、大きなことを成し遂げた時期。何だか気が緩みがちです。子ども達の掃除や給食の準備が遅くなったり、言葉がキツくなったりします。教師はそんな小さな変化にも目を向ける必要があります。しかも、学級のだれかということではなく、全体的に緩みを感じることがあります。

　本実践でも相手を思いやる意識や約束を守る意識が少し薄れているように感じ、実践しました。

POINT

- 教師の働きかけや工夫によって立て直すことも大切。

　　ダダクマ会議は学級の問題を解決する話合いです。しかし、教師が責任をもって、教師の働きかけによって学級をもち上げることも必要です。教師の個別の指導や全体への指導をないがしろにせず、どちらも大切なものであり、両輪であることを意識することが大切です。さまざまな手法でもって子ども達を成長させましょう。

- 「なんとなく」でよい。

　　教師の直感を大切にします。はっきりとした問題が起きる前でも構いません。教室の雰囲気が重く感じたり、ぴりぴりしていると判断したら、すぐにでもダダクマ会議を実践してみることをおすすめします。水面下で、どのようなことが起こっているかわかりません。それをしっかりと表出させ、学級をよりよくすることが大切です。

システム❷　　4項目の記入

---4項目---

議題：2学期のラストスパートに向けて
提案理由：尊敬されるクラスになるため。
めあて：一人一回以上手を挙げて発言する。
話し合うこと①現状
話し合うこと②解決策

STEP 1 → 教師が議題を提示する。

　夏休みまで2週間ほどです。そこで、「みなさんの課題はなんですか。」という議題を全面に出したものは避けたいです。休み直前に問題を提示されても意欲を低下させてしまいます。そこで、「2学期のラストスパートに向けて」という議題をよく使います。最後の数週間をどのように過ごすのか。そして、現在の様子はどうであるのかをしっかりと見直す必要があるからです。

STEP 2 → どうしてラストスパートをかける必要があるのかを問いかける。

　そして、議長団にラストスパートという議題を提案した後、

フレーズ

「どうしてこのままではなく、さらに成長を加速させる必要があるのか」
と問いかけます。
　すると、ある子が**「尊敬される学級になるため」**と言いました。
　6年生は学校のリーダーとして行動し、学校をよりよいものにし、他の人たちを幸せにする存在です。そんな6年生の学校生活がよくなければダメであるという意見がでました。
　ダダクマ会議はそうしたよりよく生活する意味はなんなのか、よりよくあるためにはどうすべきなのかを考えている少数の意見をすくいあげることができます。

システム❸　教師の語り　パターンＡ
（本時）

STEP 1 → 振り返らせる。

ダダクマ会議に入る前に、教師は次のように言います。

フレーズ

「学級目標は何ですか。その目標にどれくらい近づいていますか。」
「学級目標に完璧に達していると思う人？まあまあだと思う人？」などと聞きます。

このように自己評価をさせます。自ら、どこまで学級目標に達しているか。また、学級がどのような状態であるかを理解します。

STEP 2 → 具体的な問題をあえてあげない。

フレーズ

「ここで（教師の語り）は、あえて言いません。ひとつだけ言うならば、はっきり言って、学級に気の緩みを感じます。」

このように学級全体に気の緩みがあるとだけ言います。

STEP 3 → 話し合うように意欲づける。

フレーズ

「後は、自分たちでどのような緩みがあるのか、課題があるのか、考えてほしいです。」「そして、その課題を克服し、成長を加速させ、気持ちよく夏休みに入ってほしいと思います。」

このように教師自身が気の緩みを感じているという事実を伝えます。それがどのようなものであるかは、具体的なものをあげなくてもよいです。このようにあえて語りを少なくすることで子ども達から多くを引き出すことをねらいます。

ダダクマ会議に慣れてくれば、教師の語りを少なくすることで、子ども達自身が振り返り、課題意識をもって取り組めるようになります。

システム❹　ダダクマ会議の実践

「ダ」（現状を出し合う）話し合うこと①

出（ダ）し合う場面では、以下のような課題が出ました。

- 話を聞く姿勢が悪い
- ごちそうさまを言う時にしゃべっている
- 給食準備中に話をしている

などです。

つまり、これらの問題は学級に対する不満と捉えることができます。子ども達が不満を抱いてしまうことはよくありません。この状態でよいと思っている子ども達と、どうにかしたいと思っている子ども達との溝は深まり、学級の一体感を失ってしまうからです。会議を通して学級になんらかの不満や課題を言わせることがとても大切です。また、何もしない担任に対して不信感を抱かれては学級が不安定になります。

さらに陰口を言っているという意見がでました。これは、介入する必要があります。「どういう意味ですか？」と聞くようにします。陰口は大変強い言葉です。どのようなことなのかをしっかりと確認すべきです。

留 意 点

あくまで集団としての行動を問題にします。しかし、ごくたまに個人的な問題も出てきます。そうした場合は、教師が責任をもって扱うことが大切です。

個人の名前などが出てきた際には、制止する必要があります。

「ダ」（解決策を出し合い）話し合うこと②

出し合うでは、自分で判断する、意識する、声を掛け合うなど具体的な方策とは言えません。

しかし、ダダクマ会議ではこうした意識こそ大切にします。具体的な方策はたしかに必要な場面も多いです。

しかし、そうした方策が目的ではなく、意識すること。自制心などの心の成長を目的としています。自らの経験を振り返り、もう一度意識すること、そうした過程を大切にしています。

STEP
3 「ク」（解決策を比べ合う）

「あいさつは止まってする」という意見があります。

この意見に、「それは当たり前すぎです。」という反対意見が出ました。しかし、その当たり前ができていないという意見もでました。

「当たり前だけれども大切である」「当たり前だからこそ大切にしたい」という高度な意見もでました。そうした話合いを通して、集団に高い認識が共有されることになります。

STEP
4 「マ」（解決策をまとめる）

本事例では、3つではなく2つに決まりました。しかし、2つでもよいのです。あくまでも「3」とは目安です。ただ5つや6つなどの多い場合は、絞らせることをします。

子どもの中からどれも必要であるという意見も出ます。その通りです。この中で意識すべき優先順位を決めさせるイメージです。

もし子どもの中から、すべて掲載してほしいという声が上がった場合は、掲載してもよいです。あくまでも子どもの自主性を尊重し、運営することが最も大切なことです。

このように6月などの気が緩みがちな時期に、課題に向き合い、しっかり自分たちの課題を話し合うことで、学級がさらなる成長を遂げます。よくなりたいと思っている子ども達が起点となり、学級を見直し、解決策を模索することで、グッと学級がもち上がる様子を垣間見ることができます。

教師はそうした意図的に話合いを仕掛け、背中を押してあげる存在となりましょう。

次頁の黒板にある「自分の言動が最高学年として正しいのか」を改めて教師自身が意識させることが大切になり、きっかけになります。

システム❺　　フィードバック

　残り１ヶ月を切った状態です。今までの実践記録のように課題を見つけるというよりは、子ども達の行動のよい部分に目を向け、励ますことが大切です。

留意点

　話合いをすればすべて解決する訳ではありません。行事が続き、疲れがあるかもしれません。そんなときは、教室レクレーションなどを行ったり、お互い

に認め合う活動をしたりすることがとても大切です。タックマンの組織モデルでもわかるように中だるみする時期であることがわかります。是非、そのことを意識して取り組んで欲しいと思います。これは、11月でも実践できます。

ま と め

　学級でトラブルが多くなったり、緩みが出てきたりした際、しっかり話し合ってみましょう。

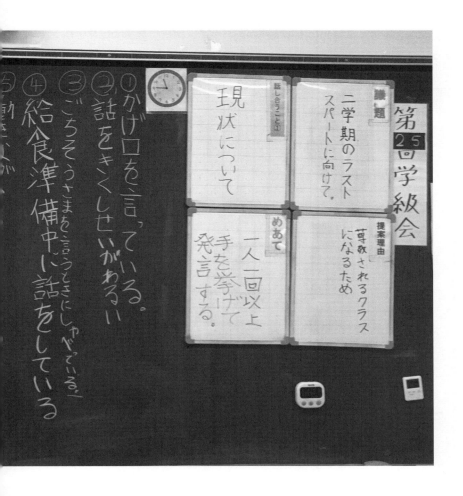

6

学期末の振り返り

ソリューション・フォーカス・アプローチ

学期末には学期末に適したダダクマ会議を実施すべきです。明日から長期休業という時期に、現状を分析し、「さあ、解決策は？」と話し合っても子ども達は意気消沈してしまいます。そうではなく、成長したところ、よいところを明確にすることで、飛躍的にクラスが向上します。では、具体的に見ていきましょう。

心理キーワード

ソリューション・フォーカス・アプローチ

ソリューション・フォーカス・アプローチとは、今もっている力（リソース）などを発見させ、未来へと働きかけることで人を変えていく心理療法です。

話合いでは、学級のよいところ（リソース）を出し合うことをします。そうすることで、よりそのよいところに注目し、さらなる成長を促します。

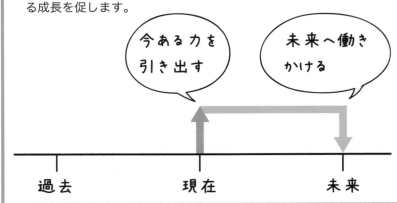

実践の記録

> 学年：6年生
> 時期：7月初旬

本時前 | **システム❶** | **子どもの様子の分析**

　1学期の終わりです。4月から子ども達はよくかんばってきました。仮に学級の状態が悪く、課題ばかりの学級であると判断しても、学期末に課題について話し合いません。子ども達が活動するのは、長い休みが明けてからです。再び会うのは、しばらく経った後です。課題について、話し合うのは休み明けから行えばよいのです。

　子ども達は少なからず成長をしています。その成長を明らかにすることで、さらに成長することができます。つまり、今もっている力を明らかにすることがとても大切になります。【ソリューション・フォーカス・アプローチ】

　したがって、課題を分析するよりは、あたたかい眼差しで学級をみていきましょう。

あたたかい眼差し

—４項目—

議題：１学期の反省
提案理由：自分たちのよいところを話し合い、さらに向上するため。
めあて：一人一回以上発言する。
　　　　手を上げるときはまっすぐに手をあげる。
話し合うこと：４月と比べてよくなったこと。

前にも述べましたが、本実践では、成長したことを出し合います。

「ダダクマ会議を行います」と言うと多くの場合、何か問題があった場合と想起してしまいます。

しかし、話し合うことは「４月に比べてよくなった（成長した）こと」です。というと、子ども達は驚きます。

「え？！どういうことですか。」という質問もでます。

自らの成長を自覚する。自分の成長を認めることも大きな学びであり、大きく成長させる重要な要素であることを指導します。

したがって、話し合うことが「４月と比べてよくなったこと」とします。

POINT

　自分たちのよいところを出し合い、比べ合い、まとめるという大きな意味があることを全体で確認するとよいでしょう。

　自らの成長をしっかりと共有する意義は、教師の語りにしてもよいです。そうすることで話合いの意義をしっかりと認識でき、質の高い話合いになります。

本時 システム❸ 教師の語り パターンＢ

STEP 1 → 振り返えさせる

フレーズ

「まもなく１学期も終わります。１学期は88日間ありました。その88日間で大きく成長しました。４月から比べてみなさんは見違えるほど立派になりました。今回は問題点ではなく、みなさんの成長を発見し合いましょう。」

ここで、数字を使い具体的にがんばりを伝えます。数字を使うと、子ども達に「そんなに時間が経つのか。がんばったな」などいろいろな思いを抱きやすくなります。

STEP 2 → 具体的に成長した点をあげる。

フレーズ

「４月のころ、時間を守れなかったり、思いやりに欠けた姿があったりしていましたね。でも今では、時間をしっかり守ろう、思いやりの気持ちをもって接しよう、という意識の高い人がたくさんいます。」

このとき、「時間を守れるようになった」や「思いやりの気持ちがあった」と断言しない方がよいです。もしかしたら、思いやりの気持ちがなく、教師の知らないところで相手を傷つけている人がいるかもしれません。傷つけられている人にとって、教師が「思いやりの気持ちがある」と断言してしまうと、もしかしたら、相談しようと思っていた場合、それができない雰囲気になってしまうこともあります。あくまでも、意識が高くなったこと、そして、それが全員ではなく、「多くなった」と表現します。叱るときもほめるときにも、全員ではなく、そうではない人がいることを想定して語ることが必要です。

STEP 3 → 話し合うように意欲づける

フレーズ

「是非、先生が気がづかないことを出し合って、気持ちよく１学期を締めくくりましょう。」

と意欲づけます。

システム❹　ダダクマ会議の実践

　学校全体で決まっているものがあります。〇〇小スタンダードというものがある学校があります。今回は、ただ、出し合うだけでなく、それを柱に話し合いました。

　子ども達を統一的に指導することに対する批判的な考え方があります。たしかに、子どもの実態に合わせ、多様に指導することのほうが望ましいです。

　しかし、学校で決まっていることに対して批判ばかりしていては何も進みませんし、その間に子ども達によくない影響を与えることがあります。したがって、効果的に活用する方法を模索するほうが建設的であります。したがって、〇〇小スタンダードといわれるものを年間を通して柱にして話し合います。たとえば、当時の勤務校では４つのきまり（あいさつ、廊下、時間、友達）について子ども達が考えることになっています。

　ダダクマ会議でこれを柱に年間を通して、また、全学年を通して、話し合うことにします。そうすることで、子ども達には一貫性や見通しがあるので納得しやすいのです。

【〇〇小の４つのきまり】
　❶気持ちの伝わるあいさつをします。
　❷廊下や階段は、静かに右側を歩きます。
　❸時間を守ります。
　❹友だちを大切にします。

　ここでは、課題を「解決」するものではないので、「ダ→ク→マ」の基本過程で行います。

STEP 1　「ダ」（成長したことを出し合う）

　学校全体の目標から、「あいさつ」「廊下」「時間」「友達」について話し合いました。

　あいさつでは、「あいさつの声が大きくなった。」「人の目を見てあいさつしていた。」などの意見がでます。これらは、実際にそうでなくてもよいのです。だれかがそのように感じている、でよいのです。ラベリング効果ではありませんが、そのように成長していきます。

STEP 2 「ク」（成長したことを比べ合う）

一番成長したことを決めます。

「話合い」で出た意見の中から、３つ決めることで賛成反対をとります。これによって議論ができます。議論する中で、子どもたちが自覚していきます。ただ、出し合うだけでは効果は半減します。優先順位を決めさせることで、議論する必要性をもたせます。

なぜ、それが重要なのか、理由を発表させることでより一つひとつのことが自覚化されます。

STEP 3 「マ」（成長したことをまとめる）

比べ合い、まとめる段階を経て以下のようなことが決まりました。

❶人の目を見てあいさつをしていた

❷三列で廊下を歩く人がいなくなった

❸トイレなどで遅れる人がいなくなった

が決まりました。

このように、改めて決めることで、他の人がどのように感じているのかが実感されます。

また、充実感に満たされる空間へと変わっていきます。ぜひ、賛成反対をとって、より今の学級の素晴らしいところを議論してみてください。

POINT

　　年間通して、話し合う柱を効果的に活用し、話し合うことも大切にします。

留 意 点

日常的に、ほめ合う風土を作り出すこともとても大切です。そうでないと、成長した所がないなどと言い始めてしまうことにもなります。

システム❺　　フィードバック

　この場合、何か解決策を決めた訳ではないので、特にフィードバックすることはありません。折に触れて、素敵な行動があれば、

▶ **フレーズ** ▶

「この前話した通り素晴らしい！！」

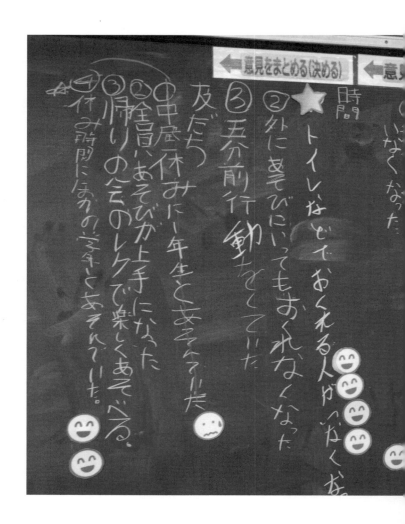

と労いの言葉をかけてあげましょう。また、この姿を次の話合いや日頃の語りに活用できます。

　自分たちをほめる会議を設けることで学級はまた一段と成長していきます。

【ソリューション・フォーカス・アプローチ】

まとめ

　学期末の素晴らしい点を発見させ、学級の成長を加速させましょう。

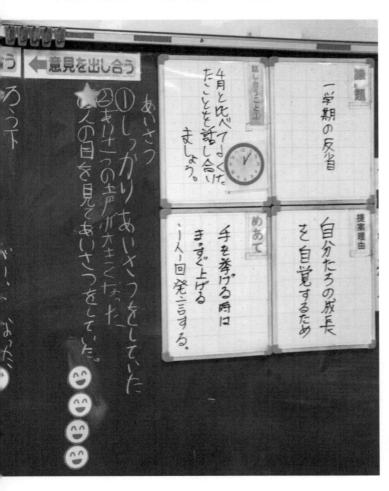

ダダクマ会議の実践例⑦

7 お楽しみ会の内容を考える

学習の転移

　学期末や１年間のイベントで「お楽しみ会」などを計画する学級もあるかと思います。多くの先生はその際に学級会を使って決めていることでしょう。

　ダダクマ会議は学級会をベースにして実践しています。

　したがって、これまでダダクマ会議を行ってきた場合、イベントを決めるような話合いは大変円滑に進みます。どのように進めるのかをご紹介いたします。

心理キーワード

学習の転移

　学習の転移とは、以前に行われた学習がのちの学習に影響を及ぼすことを指します。

　ダダクマ会議によって学んだ話合いの技法がさまざまな形で生かされていく可能性があります。

　ダダクマ会議は学級内の諸問題を解決する大きなツールになりますが、そこにとどまらず学校全体の活動へと発展していきます。

学習の転移

実 践 の 記 録

学年：6学年
時期：学期末

本時 システム❶ 子どもの様子の分析

「お楽しみ会を自ら行うという意見が出てくるか」を分析する。

先の実践でも述べましたが、どんなに学級の状態がよくなくても、学期末にがんばりを労う催し物をしたいです。

それが、お楽しみ会です。

しかし、教師から率先して「お楽しみ会を行いましょう！」とは言いません。自ら企画することや働きかけることを待ちます。

多くの学級では、学期末にお楽しみ会を行っています。子ども達もこれまで行ってきている経験があります。

そこで、子ども達から「お楽しみ会をしたい」という申し出があるかもしれません。それを待ちます。教師が待つことで子どもたちの自主性を育みたいものです。

POINT

• ひっそりと働きかける。

　子ども達から「お楽しみ会をしたい。」と言ってくるまで待つと述べましたが、言ってこない場合もあります。そのときは、個人的に「お楽しみ会はしないのですか。」と聞いてみます。聞かれた子は他の人に相談したり、自ら全体に伝えたりするようになります。

システム❷　　4項目の記入

—4項目—

議題：クリスマス会は何をするか。」
提案理由：1・2組の仲を深めるため。
めあて：一人二回以上発言すること。
話し合うこと：何のゲームや遊びをするか。

　これも今までの事例のように、本時の前に行い、決めます。

　ただし、クリスマス会（学期末のお楽しみ会）をなぜするのかが、議長団の中から出てこなかった場合、学級全体に聞くことにします。

　多くの場合、なぜ、お楽しみ会などの学級や学年のレクレーションを行うのかなかなか意見がでてきません。

　毎年のように、学期末にお楽しみ会はするものであるという慣例があります。

　そのため、どのような意味で行っているのかを考えないでいます。

　したがって、まずは、提案理由を考えさせることから始めます。

POINT

• 何かを決める話合いでは「話し合うこと」は1つ。

　　何かを決める話合いでは話し合うことが1つであるほうがよいです。時間的に余裕があります。もちろん役割やルールを決めることもできます。ただ、細かいルールや役割は時間以外でも決めることができます。

本時 システム❸ 　教師の語り　パターンC

STEP 1 → 選択させる。

そもそもお楽しみ会をするのかを問いかける。

フレーズ ▶

「そもそもお楽しみ会をするのですか?」「どうしてですか?」

このようにそもそも実施するのかという根本的なことを問いかけます。

STEP 2 → 意義について考えさせる。

STEP 1 のようにそもそも行うかどうかを選択させることで、なぜ行うのかという意義について考えさせます。

お楽しみ会を行う意義は多くあります。本書では以下のようなことを例にあげます。

❶これまでのがんばりを労うため

❶親睦をより深め、次の学期のエネルギーにするため

POINT

　もし、以上のような2つやそれ以外にも学級がよりよくなるような提案理由があれば、記載するようにします。

　これらのことをしっかりと意義づけることで、ケンカすることやトラブルを起こす、自己中心的な行為をする可能性を少なくすることができます。またトラブルが起こったとしても、ねらいや意義はなんでしたか、と問いかけることで子ども達は気づき、納得するのです。

STEP 3 → 話し合うように意欲づける。

「よりよいお楽しみ会になるように話し合いましょう」と意欲づけます。意義やねらいが理解しているのでこれだけで大変活気のある話合いになります。

本時 **システム❹** **ダダクマ会議の実践**

　お楽しみ会などのイベントを決める際には、「ダ」「ダ」「ク」「マ」という過程を取りません。

　「ダ」「ク」「マ」という過程を取ります。

　問題解決に特化した話合いではなく、さまざまなアイデアから決めていく話合いです。現状の把握は必要としません。

STEP 1　「ダ」（遊ぶ内容を出し合う）

　ここでは、お楽しみ会で行いたいゲームを出し合っています。これまでに述べてきたダダクマ会議を行った場合、円滑に進みます。

STEP 2　「ク」（遊ぶ内容を比べ合う）

　多くの場合、子ども達は自分たちがしたいもの、行いたいものに執着しがちです。しかし、お楽しみ会を行う理由（提案理由）は全く異なります。そこに学ぶ要素があり、子ども達が学ぶ必要があります。たとえばドッジボールがよい。しかし何のルールも工夫がない。または、サッカーがしたい。どのような工夫をするのかがない。それらは決して許してはいけません。教師は一言、「提案理由に立ち返りましょう。」このように伝えることで、他者を思いやる気持ちや視野を獲得することができます。

留 意 点

・全員がどのゲームも理解しているかがとても大切です。

　　したがって、司会の人は、全員が知っているかを確認する作業が入ります。もし、そのような配慮がない場合は、教師から指導する必要があります。

　　そして、検討する際に好きなこと、したいことではなく、あくまでも全員が楽しめるものであることが最大の条件であります。

STEP
3
「マ」（遊ぶ内容をまとめる）

　遊ぶ内容に優先順位をつけます。比べる段階で３つではなく５つほど星の
マークが付いています（次頁参照）。このように、３つに限定するのではなく、
優先順位をつけることで仮に時間が余ったときに行うゲームをするようにしま
す。優先順位をつけることで、自分が出したゲームも蔑ろにされたという思い
を抱くことも少ないです。

POINT

- 会場をしっかり決める。
　　体育館で行うのか、教室で行うのかを指定する必要があります。
　特別教室や体育館割当もありますので、事前に議長団に伝えてお
　くとよいでしょう。
- 役割と必要なものを決める。
　　話合いに余裕があった場合、「だれがなにをするかの役割」と「必
　要なもの」を話し合うとよいです。
　　そうすることで今後の活動が円滑に進みます。たとえば、だれ
　がドッジボールの説明をするのか、準備するのかなどを決めます。
　また、ボールの数やコーンの数など可能な範囲で決めます。もち
　ろん、役割を決め、後はその担当する人たちで決めても構いませ
　ん。
　　このように話し合うことで委員会などで企画などを決める際に
　自ら進んで運営することができます。

　お楽しみ会がなぜ楽しく終わったのかを振り返ります。それは、自分たちで決め、自分たちで実行したことに他ならないからです。そのことをしっかりと伝えます。そうしたことから自分たちに自信がついたり、この学級だから成功したと伝え、実感させることが大切です。

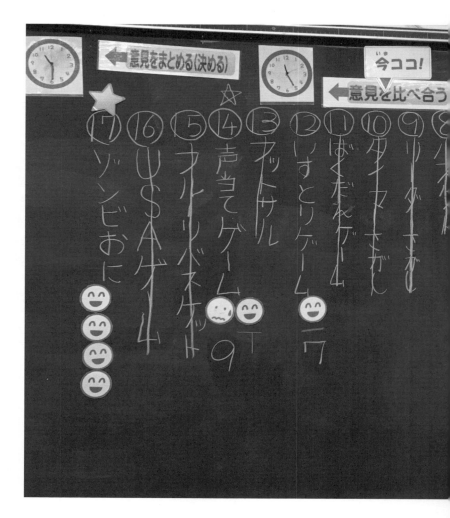

　もちろん、うまくいかない場合があります。しかし、よかったところを引き出し、取り立ててほめることが大切です。

　また課題点は次の学期に解決できるように計画することが大切です。

ま と め

お楽しみ会を自分たちで決めさせ、よりよい形で学期を締めくくりましょう。

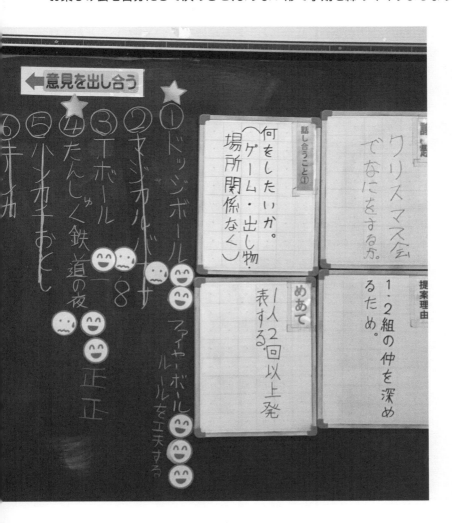

8

小グループでも
ダダクマを意識させる

学習の転移

　ダダクマ会議のような全体の話合いでは、順調に話し合うことができます。しかし、グループでの話合いになると、とたんにうまくいかないことがあります。司会も立てず、挙手もしない。内容が決まっても、また話合いが振り出しに戻ってしまう。そんなことは多くの場面で見受けられます。では、どのようにすればよいのでしょうか。

心理キーワード

学習の転移

　学習の転移とは、以前に行われた学習がのちの学習に影響を及ぼすことを指します。

　ダダクマ会議によって学んだ話し合いの技法がさまざまな形で生かされていく可能性があります。

　ダダクマ会議は学級内の諸問題を解決する大きなツールになりますが、そこにとどまらず授業やグループワークにも生きてきます。

学習の転移

実 践 の 記 録

学年：４年生
時期：８月中旬

システム❶　　子どもの様子の分析

「総合的な学習の時間」における導入場面を取り上げます。ここでは、調べる活動の前に、「計画する」１時間を例に記述します。調べる活動の前に、グループで「調べる内容」と「調べる方法」について計画する時間です。そのため、各グループで話合いが行われました。

ところが、話合いが滞ったり、大変時間がかかったりするなど効果的に話し合えないことがあります。

話合いがうまくいかない原因は以下の３点があげられます。

❶話合いの流れを考えてない

そもそもグループの話合いの流れを理解していません。意見を集めている段階にいるのか、まとめている段階なのか、不明瞭ということです。

❷一人ひとりの役割を与えていない

司会も立てず、バラバラにしゃべったり、関係ない話をしたりすることが見受けられます。

❸話合いを効果的に行うという意識が低い。

上の２つのことと関わりますが、しっかりと話し合わなくていけないという強い意識がないことが往々にしてあります。話合いで遊んだり、人の話を聞くことをしない。そのような姿はよくあります。

以上の３つのことがないかしっかりと分析することが必要になります。

システム❷ 教師の語り

　これまでの実践事例ではシステム２が４項目の記入でした。そして、次に教師の語りでした。しかし、本事例では教師の語りを先にしています。そもそも本事例は、ダダクマ会議という学級全体の話合いではありません。その場面とは異なった小グループの話合いにおける事例だからです。まずは、教師の語りによって、ダダクマ会議の流れを意識させます。

STEP 1 ➡ 小グループの話合いの課題を指摘する。

▶ **フレーズ** ▶

「グループので話合いが適切ではありません。」
としっかりと課題を指摘します。

▶ **フレーズ** ▶

「ダダクマ会議の話合いの流れはなんでしたか。」と問いかけます。
　現状を出し合う、解決策を出し合う、比べる、まとめると子ども達は返答してくれるでしょう。
　このようにダダクマ会議と同じように「出し合い→比べ合う→まとめる」段階であることを伝えます。

STEP 2 ➡ 一人ひとりの役割を決めさせる。

　ダダクマ会議のように一人一人の役割を決めます。
　たとえば６人構成であれば、リーダーが司会、副リーダーを副司会とします。それ以外の子は、記録とします。もし、発表する機会があるのであれば、発表者を司会、副司会以外から選出させるようにします。まだ、理解が進んでいない子ども達であれば、教師側から示してもよいかもしれません。とにかく、全体の話合いだろうが、グループの話合いだろうが同じであることを伝えます。
　こうすることで、しっかりと話し合わなくてはいけないとう意識は高まっていきます。

本時前 システム❸ 　2項目の記入

> 議題：総合学習で調べることを決めよう
> 話し合うこと①：調べたいことを出し合おう
> 話し合うこと②：調べる方法を考えよう

> 2項目を記入する。

　ダダクマ会議では、4項目（議題・提案理由・めあて・話し合うこと）を考えます。しかし、グループの話合いでは2項目で構いません。2項目とは、「議題」と「話し合うこと」です。

❶　議題は学習課題を使う

　　授業においては学習課題があります。学習課題を議題とします。たとえば、総合的な学習の時間で「総合学習で調べることや調べる方法を決めよう。」とあれば、そのまま議題とします。

❷　話し合うことはダダクマ会議と同じ

　　これまで、グループの話合いにおいても基本過程は同じであることを押さえました。したがって、以下の流れで話合いを進めます。

- 「ダ」（調べたいことを出し合う）
- 「ダ」（調べる方法を出し合う）
- 「ク」（調べる方法を比べ合う）
- 「マ」（調べる方法をまとめる）

　このように提案理由やめあてが書かれていません。もちろん、書いてもよいのですが、あまり多いと複雑な印象を与えかねません。また、次の活動の際に転移しづらいです。しがたって、必要最低限の項目を設定させることで効果的な話合いを実現します。【学習の転移】

　なお、ダダクマ会議における「現状」が「調べたいこと」であり、「解決策」が「調べる方法」に対応しています。

システム❹　ダダクマ会議の実践

本時

まず司会、記録者を立てさせます。小グループには、ルーレットがありません。そこで、公平にジャンケンで決めてもよいです。また、グループのリーダーが司会をしたり、副リーダーが記録をしたりするようにさせてもよいです。グループを作る際には必ず、リーダー、副リーダーを決めるようにします。しっかりと役割を与えることで、話合いは活動的になります。

今回は「総合的な学習の時間」の環境問題について話し合っている場面です。

STEP 1 「ダ」（調べたいことを出し合う）話し合うこと①

グループ一人ひとりの課題（調べたいこと）を出し合います。

このとき、子ども達は自分たちが持っているメモ帳を使ってメモをします。

STEP 2 「ダ」（調べる方法を出し合う）話し合うこと②

どのように課題を調べるのかという解決策について出し合わせます。そのとき、しっかりと挙手をさせます。

POINT

- 挙手をしっかりさせる。

　　小グループの話合いは、無駄なおしゃべりになったりします。これを許してはいけません。挙手制を用いて、発言者以外は話させてはいけないことにします。意欲も大事ですが、しっかりとした話合いスキルを身につけさせましょう。

STEP 3 「ク」（調べる方法を比べ合う）

どれにすべきかを賛成反対をとりながら、検討します。いくつかの解決策を出させた後、だれがどの課題を調べるのか、どのように調べるかなどを検討します。

STEP 4 「マ」（調べる方法をまとめる）

　まとめる場面にも関わらず、出し合うことをしていては望ましくないと伝えます。ただし、絶対に認めないというわけではなく、基本的にしっかりと段階に合わせて話をすることの重要性を説明します。話合いの中で、思いつくことは多々あります。そうして往復活動によって素晴らしい意見が出てくるのも事実です。

　しかし、しっかりと段階を意識している話合いと、そうでない話合いでは質が異なります。

　根底には話の展開を意識することが大切です。それは、同じ方向を向いて話合いをしているといえます。この少しのちがいが話合いの質に関わってきます。

留 意 点

- **大目に見る**

　なかなか定着することは難しいです。話合いが活発になり、建設的な話合いになっていれば、ダダクマ過程がなされていなくても大目にみてあげましょう。

システム❺ | **フィードバック**

　日常的なグループでの話合いは次の３点を意識して振り返えさせることが大切です。

> グループの話合いで…
> ①　役割を決めてから話合いを行っているか
> ②　「出し合う」「比べ合う」「まとめる」という基本過程にそって行われているか
> ③　話合いのルールが守られているか

　上の③の話合いのルールでは、「挙手してから発言させること」があります。特に、挙手させてから発言させることで混乱のない話合いを実現させます。

　繰り返しダダクマの基本過程を意識させることで、よりよい話合いを実現することができます。ダダクマ会議によって学んだ話合いのスキルが他の話合いでも十分に生かされるよう働きかけましょう。【学習の転移】

　日常的に、話合いスキルを意識させ、効率よくそして効果的に話し合いを行いたいものです。これらのスキルは子どもにとって将来使えるスキルになります。学習が始まった段階からの積み重ねを着実に行い、一段レベルの高い学級を目指しましょう。

ま と め

　ダダクマ会議の話合い方をしっかりとグループでの話合いにも活かしましょう。

ダダクマ会議

9

(ダダクマ会議の実践例⑨)

算数の話合い活動にも活用する

社会的手抜き(フリーライダー)の防止

　算数の話合い活動では、全員が参加していないことがあります。

　算数の得意な人が中心的に話し、得意ではない子はただ見ているだけということがあります。

　そうした話合い活動は、適切ではありません。全員が参加し、意見を述べたり、考えたりする機会をしっかりと保証した話合いにしなくてはいけません。

心理キーワード

社会的手抜き(フリーライダー)の防止

　フリーライダーとは、集団で活動を行うと、ある一部の人が参加しなかったり、作業をしなかったりする現象です。たとえば、算数のグループ活動で、ある一部の子が参加せず、ただその場にいるだけになってしまうことがあります。そうしたフリーライダーを防ぐための手立てを考えます。

200

実 践 の 記 録

算数ではグループ活動を日常的に行われます。
以下のような項目で話し合います。

―4項目（1項目）―
議題：合同な図の描き方について考えよう

授業時間は限られた時間です。4項目を扱うと時間がなくなってしまいます。
そこで、4項目を書くのではなく1つにします。たとえば学習課題に「合同な
図の描き方について考えよう。」とあったとします。そのまま議題として用い
ます。司会が、「議題は『合同の図の書き方について考えよう』です。」と言っ
て話合いに入ります。このような一言があるだけで、何を話し合うのかが明確
になります。

POINT

- 出し合う→比べる→まとめるという流れで行う。

　算数のグループ活動では解決策を出し合います。そして、一つ
に決めます。どうしても2つや3つもあるという場合は書いても
よいです。

　このように、ダダクマ会議の流れがさまざまな場面で生かされ
ることを意識すると、いろいろなところで自分の力になっている
ことを自覚していきます。

- ルーレットで役割を決める。

　算数の話合いは毎日あります。その都度、じゃんけんや譲り合
うというのは時間がもったいないです。

　ダダクマ会議のようにグループルーレットがあると大変円滑に
話合いが進みます。

　基本1グループ4人で構成されています。そして、グループの
席には一つひとつ番号が振られています。

　1の席に座っている人は1、2の席に座っている人は2などと
決めておきます。

　写真には1～4の数字があります。これは、先程述べた席の番
号です。

内側のルーレットには「司会」、「記録」、「発表」、「（3人の場合司会・記録・発表のどれか）」とあります。

　　この写真の場合、1の人は記録を担当し、4の人は司会を担当します。

　　このとき、「（3人の場合）司会・記録・発表のどれか」では、必ずしも4人のグループではなく3人のグループがあるときがあります。その際、3人グループのために、どれかになるように伝えておきます。ぴったりと重ならない場合も想定してルーレットを作成することが大切になります。

　　こうすることで、話合いがスタートしたら、それぞれだれが何の役割なのかを確認し、話合いにスムーズに入ることができます。

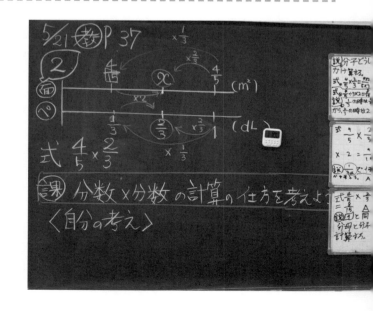

　発表する際には、できた班からホワイトボードを黒板に貼っていきます。そして、すべての班が貼り終わったら、発表する役割の人が発表していきます。

　このように発表者が決まっているので、発表している人は理解しなくてはいけません。さらに、他の人は発表する人が理解しているかを確認させます。

　みんなができているか、確認する思いやりの気持ちを育みます。

　算数はほぼ毎日あります。このように自ら話し合う活動を行うことで議題を言う、発言する、みんなが参加する、そして、自ら考えるということを毎時間行います。

　こうしたことを通して子ども達の心や話し合う技能を高めていきます。

ま と め

教科を越えて、話合いの技法を活かしましょう

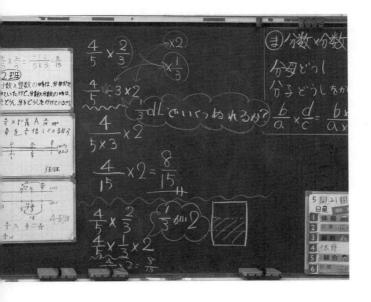

おわりに

　ダダクマ会議は学級会をベースにした話合い活動です。その学級会に出会ったのが、2校目の勤務校でした。

　これまで、学級会というものを学ぶことがなかったですし、実践したこともありませんでした。

　正直、当初「学級会？！なんだそれは？必要なのか？」と半信半疑でいました。そのような意識の低い私でありましたが、異動1年目に研究授業の授業者となりました。その後の授業検討会で、指導主事の方から「教師の介入が必要である。」「なぜ、その議題で行っているか。議題の意義である提案理由が子ども達に理解されていない。」とご指摘を受けました。はっきり言って何をいっているのか全く理解できませんでした。授業の良し悪しではなく、その理解できなかったこと自体が大変悔しかったです。その研究授業をきっかけに、学級会というものをしっかり学ぼうと決意しました。

　校内研究で研究をしていることもあり、どのように学級会を行えばよいか、その質問に答えていただける方がたくさんいました。しかもその質の高い技術と認識に私は多くのことを学ばせていただきました。多くの諸先輩の学級会を拝見したり、実践したりしました。

　時には、遠方の特別活動の研究会にも出たりもしました。そのとき、「だれだ。この人は？」とかなり怪しまれました。当然です。まったく繋がりのない所から一人で行きましたから。書籍でも学びました。そして、学級会を行う日々を過ごしていきました。

　そして学級会を行う日々の中で次のような思いを抱きました。

「これは、すごい・・・。」

　学級会を行うことで学級が大きく変化する瞬間を肌で感じました。

　そのときの感動を今でも覚えています。「前書き」にも書きましたが、今までは教師主導の学級経営しか行っていませんでした。ところが、話合いを行うと、「話し合う風土ができあがる。子ども達が変わっていく。学級が変わっていく。自ら考えるようになる。心が育つ」ようになりました。

　「学級会、すげえええ」と帰宅中の車の中で叫んだのを覚えています。そして、学級会というものに出会わせていただいた勤務校の先生方に「ありがとうございます！」と大変感謝したのを覚えています。

　そのような歴史のある学級会の素晴らしい要素を抽出し、自分なりにアレンジしたのが本実践のダダクマ会議です。

　とにかく多くの方も体感してほしいと思い、再現できるよう心がけました。ぜひ、教室でも実践していただき、子ども達の変化を感じ取っていただけたら幸いです。

　最後に、この度執筆の機会を設けさせていただいた東洋館出版社の北山俊臣様には心より感謝申し上げます。また、可愛らしいイラストを描いてくださった熊アート様。本当にありがとうございました。執筆する中で、"多くの方の支え"を感じました。様々な方から学んだこと、また、応援があったからこそ書き上げることができました。本当にありがとうございました。まだまだ成長していきます。これからもみなさまのお役に立てるよう努力してまいります。

2021 年　2 月吉日　阿部　真也

参 考 文 献

「楽しく豊かな学級・学校生活をつくる特別活動（小学校編）」
文部科学省国立教育政策研究所教育課程研究センター（文溪堂）

「学級会指導完ペキマニュアル」辻川和彦編（明治図書出版）

「はじめちゃおう！クラス会議」諸富祥彦監（明治図書出版）

「クラス会議で学級は変わる！」諸富祥彦監（明治図書出版）

「赤坂版『クラス会議』完全マニュアル」赤坂真二著（ほんの森出版）

「心理学辞典」中島義明編他（有斐閣）

「はじめて出会う心理学」
長谷川寿一・東條正城・大島尚・丹野義彦・廣中直行著（有斐閣）

「問題発見プロフェッショナル」齋藤嘉則著（ダイヤモンド社）

「ことばの発達」岡本夏木著（岩波書店）

「図解３秒で相手を操るビジネス心理術辞典」内藤誼人著（イースト・プレス）

「図解一瞬で心をつかむ心理会話」内藤誼人著（ベストセラーズ）

「史上最強図解よくわかる発達心理学」林洋一監（ナツメ社）

プロフィール

阿部真也

北海道教育大学旭川校卒。

北海道公立小学校教諭。

子ども達によってよりよい教育の実現に向けて日々
探究している。

「子どもの心理を図り、学級経営、授業技術に戦略を」
がモットー。

授業準備のための無料情報サイト「フォレスタネッ
ト」のフォロワー数は屈指の 2100 人以上。

学級経営のみならず、仕事術、授業技術について発
信多数。

拙書に『心理テクニックを使った！戦略的な学級経
営』（東洋館出版社）

教育雑誌「授業力＆学級経営力」（明治図書出版）連
載予定（2021.4 〜 2022.3）

心理テクニックを使った！
学級が激変する

ダダクマ会議

2021（令和3）年3月1日　初版第1刷発行

著　者　　阿部真也
発行者　　錦織圭之介
発行所　　株式会社 東洋館出版社
　　　　　〒113-0021　東京都文京区本駒込 5-16-7
　　　　　営業部　TEL：03-3823-9206
　　　　　　　　　FAX：03-3823-9208
　　　　　編集部　TEL：03-3823-9207
　　　　　　　　　FAX：03-3823-9209
　　　　　振替　00180-7-96823
　　　　　URL　http://www.toyokan.co.jp

［装　丁］mika
［本文デザイン］熊アート
［イラスト］　熊アート
［印刷・製本］岩岡印刷株式会社

ISBN978-4-491-04360-9　　Printed in Japan